Eine Bildreise

Matthias Gretzschel / Toma Babovic / Ellert & Richter Verlag

Auf Martin Luthers Spuren

Für Christiane

Matthias Gretzschel, geb. 1957 bei Dresden, studierte nach einer Buchhändlerlehre an der Leipziger Universität evangelische Theologie. Nachdem er 1988 im Fachgebiet „Christliche Archäologie und Kirchliche Kunst" promovierte, war er als freier Autor und Journalist in Leipzig tätig. Heute arbeitet er als Feuilletonredakteur beim „Hamburger Abendblatt".
Im Ellert & Richter Verlag erschienen seine Bücher „Dresden – Spaziergänge", „Die Dresdner Frauenkirche", „Dresden aus der Luft: Von der Sächsischen Schweiz bis Meißen" und in der Reihe Eine Bildreise „August der Starke und seine Schlösser", „Auf Johann Sebastian Bachs Spuren", „Sachsen", „Sachsen Anhalt" und „Der Harz".

Toma Bobovic, geb. 1953 in Verden / Aller, studierte Architektur und Grafik-Design an der Akademie für Künste in Bremen. Seit 1989 freischaffender Fotodesigner in der Hansestadt. Er arbeitet u. a. für „stern", „Saison" und „Merian"
Im Ellert & Richter Verlag erschienen seine Bildreisen „Potsdam", „Wanderungen durch die Mark Brandenburg", „Schönes Berlin", „Thüringen", „Auf Paula Modersohn-Beckers Spuren" und „Ostfriesland".

Farbfotos: Toma Babovic, Bremen

Titelabbildung: Wartburg

Abbildungen im Textteil:
Sämtliche Fotos: Bildarchiv Preußischer Kulturbesitz, Berlin

S. 7:	Gemälde von Lucas Cranach, o. J., Museum der Stadt Regensburg Foto: Braun / BKP, Berlin
S. 14:	Gemälde von Lucas Cranach, o. J., Wartburg
S. 15:	Gmälde von Lucas Cranach, o. J., Wartburg
S. 27:	Schedelsche Weltchronik, 1493
S. 35:	Germanisches Nationalmuseum, Nürnberg
S. 36:	Federlithographie von J. E. Hummel, um 1820
S. 37:	Holzschnitt von 1521, Kunstbibliothek, Berlin
S. 49:	Ansicht von 1617, Kupferstich nach Braun / Hogenberg
S. 61:	links: Gemälde von Tizian, 1548, Alte Pinakothek, München rechts: Kolorierter Stich, 19. Jahrhundert
S. 66:	Gemälde von Lucas Cranach, 1522, Schloßmuseum Weimar
S. 67:	links: Erstausgabe des NT in deutscher Sprache, 1522 rechts: Radierung von Gustav König, o.J.
S. 74:	Kolorierter Kupferstich von Christoffel van Sichem, o. J.
S. 75:	Lithographie nach einem Gemälde von Carl Röchling, 1889
S. 76:	+ 77: Gemälde von Lucas Cranach, 1525, Kunstmuseum Basel
S. 84:	Gemälde von Lucas Cranach, 1532, Museum der Stadt Regensburg Foto: Lutz Braun / BKP, Berlin
S. 85:	Kupferstich von Merian, 1645
Karte:	Mit freundlicher Genehmigung des Insel Verlages, Frankfurt am Main

Alle Angaben zu Museen und Sammlungen sind mit Sorgfalt zusammengestellt, jedoch ohne jegliche Gewähr.

Literatur:
Ambroß, Paul; Rößling, Udo: Reisen zu Luther. Berlin 1983
Badstübner-Gröger, Sibylle; Findeisen, Peter: Martin Luther – Städte, Stätten, Stationen. Köhler & Amelang, Leipzig 1983 (zit. als Findeisen)
Bainton, Roland H.: Martin Luther. Berlin 1983
Friedenthal, Richard: Luther – Sein Leben und seine Zeit. München und Zürich 1982
Greiner-Mai: Literatur – Dichter, Stätten, Episoden (Tourist- Führer). Berlin 1985
Klepper, Jochen: Die Flucht der Katharina von Bora. Stuttgart 1962
Krumholz, Hans: Burgen, Schlösser, Parks und Gärten (Tourist-Führer). Berlin 1984
Martin Luther – Sein Leben in Bildern und Texten. Einführung von Gerhard Ebeling. Hrsg. von Gerhard Bott, Gerhard Ebeling und Bernd Moeller. Insel Verlag, Frankfurt am Main 1983 (zit. als Ebeling)
Martin Luther – Stätten seines Lebens und Wirkens. Hrsg. vom Institut für Denkmalpflege der DDR. Berlin 1983
Müller, Gottfried: Das Feuer brennt. Berlin 1962
Müller, Hans: Dome, Kirchen, Klöster (Tourist-Führer). Berlin 1984
Schulz, Wolfgang: Führer zu den Lutherstätten. Berlin 1982
Stadler, Hubert: Hermes Handlexikon Martin Luther und die Reformation. Düsseldorf 1983
Steinwede, Dietrich: Reformation – Martin Luther. Freiburg 1983
Zahrnd, Heinz: Martin Luther in seiner Zeit für unsere Zeit. München 1983

Die Deutsche Bibliothek – CIP Einheitsaufnahme
Auf Martin Luthers Spuren /
Matthias Gretzschel; Toma Babovic. –
8. Aufl. –
Hamburg: Ellert & Richter, 1996
(Eine Bildreise)
ISBN 3-89234-387-X
NE: Gretzschel, Matthias; Bobovic, Toma

8. Auflage 1996

Text und Bildlegenden:
Matthias Gretzschel, Quickborn
Lektorat:
Dorothee v. Kügelgen, Hamburg
Gestaltung:
Hartmut Brückner, Bremen
Satz: KCS GmbH, Buchholz/Hamburg
Lithographie: Litho Service Bremen GmbH, Bremen
Druck: Ara-Druck GmbH + Co. KG, Stuttgart
Bindearbeiten: Buchbinderei Büge, Celle

Inhalt

Die Bedeutung Martin Luthers läßt sich kaum überschätzen, denn keine andere Persönlichkeit der deutschen Geistesgeschichte hat auf so vielfältige und folgenreiche Weise gewirkt wie der Reformator aus Wittenberg. Betrachtet man das 63 Jahre währende Leben dieses außergewöhnlichen Mannes aus dem zeitlichen Abstand von einem knappen halben Jahrtausend, so steht man nicht nur einem historischen Phänomen gegenüber. Martin Luther hinterließ Spuren, die durch die Jahrhunderte führen und auch die Gegenwart sehr viel stärker prägen, als es uns oft bewußt ist.

Bei einer so bedeutenden, kraftvollen und zugleich auch widersprüchlichen Persönlichkeit, wie Luther es war, konnten Verzerrungen und Vereinnahmungen ebensowenig ausbleiben wie unkritische Glorifizierungen. Die Deutsch-Nationalen sahen in ihm den deutschen Patrioten, obwohl der moderne Nationalstaatsgedanke zu Luthers Lebenszeit noch gar nicht geboren war. Da der Reformator im Antisemitismus des Mittelalters verhaftet war und sich in einigen Schriften in erschreckender Weise gegen die Juden äußerte, vereinnahmten ihn die Nationalsozialisten für ihre Holocaust-Ideologie. Die Kommunisten versuchten ihn später – genauso unzulässig – als Begründer einer verhängnisvollen Traditionslinie, die über Bismarck direkt zu Hitler führte, an den Pranger zu stellen, bis sie sich besannen, ihn wenige Jahre vor dem Zusammenbruch der DDR in die Ahnengalerie des „progressiven Kulturerbes" aufnahmen und seinen 500. Geburtstag mit einer pompösen Jubelfeier begingen. Trotz seiner vermutlich bescheidenen Kirchengeschichtskenntnisse hatte es sich Staats- und Parteichef Erich Honecker nicht nehmen lassen, den Vorsitz des Staatlichen Lutherkomitees selbst zu übernehmen.

Doch keiner von diesen politischen Vereinnahmern – weder die Apologeten, noch die Kritiker – haben Martin Luther jemals ganz verstehen wollen. Denn er war zuallererst Theologe, und erst die Kenntnis der lutherschen Theologie ist der Schlüssel zum Verständnis seiner Persönlichkeit.

Als Luther am 31. Oktober 1517 seine 95 Thesen veröffentlichte, ahnte er nicht, daß er damit einen Umwälzungsprozeß einleiten würde. Er handelte nicht aus einem politischen Impuls. Was er tat, geschah vielmehr als Resultat eines langen theologischen Reifeprozesses. Voraussetzung für dieses Ereignis, das sich später als welthistorisch erweisen sollte, waren jene Jahre, die 1505 mit dem Eintritt in das Erfurter Kloster der Augustinereremiten begannen und den jungen Mönch „auf der Suche nach einem gnädigen Gott" zur Erkenntnis der reformatorischen Rechtfertigungslehre führten. Nicht durch Taten oder gar durch Geld könne man – wie es die korrupte römische Amtskirche lehrte – vor Gott gerecht und von der Sünde gerettet werden, sondern – „sola gratia" – allein aus göttlicher Gnade und aus dem Glauben daran, der daraus wächst.

Mit dieser Position durchfocht er den Ablaßstreit und die noch grundsätzlichere Auseinandersetzung um die Autorität des Papstes, die ihn im Verlauf der Leipziger Disputation (1519) in offenen Gegensatz zu Rom brachte. Ein Politiker war Luther nicht, das hätte seinem Selbstverständnis ganz und gar widersprochen. Andererseits konnte sein Wirken politisch nicht folgenlos bleiben. Und gerade bei diesem Punkt gehen die Beurteilungen des Reformators weit auseinander. So wurde etwa die Haltung, die er 1525 mit der polemischen Schrift „Wider die räuberischen und mörderischen Rotten der Bauern" einnahm, als Beleg für seine Bemühungen um Stabilisierung bestehender Machtverhältnisse gewertet. Tatsächlich unterschied Luther streng zwischen dem „geistlichen und dem weltlichen Regiment". Das war eine für die protestantische Tradition nicht unproblematische Trennung, die später oft als Legitimation politischer Machtausübung herhalten mußte.

Wenn man von den Leistungen Luthers spricht, so ist neben der Begründung der reformatorischen Bewegung vor allem die Bibelübersetzung zu nennen. Nachdem er am 17. und 18. April 1521 vor dem Wormser Reichstag den Widerruf seiner Lehren abgelehnt hatte, wurde der von Bann und Reichsacht Bedrohte auf Veranlassung des sächsischen Kurfürsten, Friedrichs des Weisen, zum Schein entführt und auf die Wartburg bei Eisenach gebracht. Auf den ersten Blick erscheint es verwunderlich, daß Kurfürst Friedrich den Aufrührer aus Wittenberg so sehr unterstützt hat, denn er war zunächst kein Anhänger des Augustinermönchs. So hing er z. B. ganz besonders an seiner Reliquiensammlung, die mehr als 5.000 Stücke umfaßte und weithin berühmt war. Luther dagegen lehnte den im Spätmittelalter immer weiter ausufernden Reliquienkult ab.

Dies war nicht die einzige Meinungsverschiedenheit zwischen ihm und seinem Landesherrn. Doch Friedrich war gebildet und achtete daher die Leistungen Luthers. Vor allem aber war er ungewöhnlich liberal. Leuten, die auf der Suche nach der Wahrheit sind, dürfe man sich nicht in den Weg stellen, meinte der Kurfürst. Hinzu kam auch die Tatsache, daß Friedrich der Weise, der einer der einflußreichsten deutschen Fürsten seiner Zeit war und sogar als ein möglicher Kandidat für die Krone des Reichs gehandelt wurde, seit Beginn seiner Regierungszeit versucht hatte, die Macht des Reichsadels gegenüber Kaiser und Papst zu stärken. Die Unterstützung Luthers sollte wohl auch als Signal dafür verstanden werden, daß in Sachsen weder der Kaiser noch der Papst, sondern allein der Kurfürst zu bestimmen hätte.

Welche Gründe auch immer den Ausschlag gegeben haben, für Luther ist die Tatsache, daß Sachsen von Friedrich dem Weisen regiert wurde, sicher ein Glücksfall gewesen. Ohne den Kurfürsten, der seinen ehrenden Beinamen mit vollem Recht erhalten hat, wäre die Reformationsgeschichte womöglich in andere, wahrscheinlich weniger günstige Bahnen gelenkt worden.

Zehn Monate währte Luthers Aufenthalt auf der thüringischen Burg. Zehn Monate erzwungene Untätigkeit – für den tatendurstigen, 37 Jahre alten Mann war das eine schreckliche Vorstel-

Der sächsische Kurfürst Friedrich III. wurde mit vollem Recht „der Weise“ genannt. Er war einer der einflußreichsten Fürsten seiner Zeit und galt sogar als Anwärter auf die Kaiserkrone. Ohne sein Wirken wäre die Reformation wahrscheinlich in weniger günstige Bahnen gelenkt worden.

lung. Das höfische Leben, das er unter dem Decknamen Junker Jörg zu führen hatte, war ihm ungewohnt, auch das opulente Essen bekam ihm schlecht.

Doch der Wartburgaufenthalt hatte ein enorm wichtiges Ergebnis: die Übersetzung des Neuen Testaments aus dem griechischen Original ins Deutsche. Luther tat dies aus theologischen Gründen, denn „die Schrift“ – der er die alleinige Autorität beimaß – sollte vom Volk gelesen, gehört und verstanden werden. Neben der frömmigkeitsgeschichtlichen Bedeutung hatte die Bibelübersetzung noch eine weitere Wirkung: Luther leistete mit seiner deutschen Bibel, die 1534 mit der Übersetzung des Alten Testaments abgeschlossen war, einen wesentlichen Beitrag zur Herausbildung der deutschen Nationalsprache. Sein kraftvoller und bildhafter Ausdruck, der bis heute nicht allein durch die Bibelübersetzung, sondern auch durch zahlreiche Choraltexte Allgemeingut geblieben ist, weist ihn zugleich als einen einzigartigen Dichter aus.

Im Gegensatz zur universellen Bedeutung von Luthers Lebenswerk war der geographische Rahmen seines Lebens eher überschaubar. Seine weiteste Reise und zugleich die einzige, die über die deutschen Länder hinausreichte, führte ihn 1510/11 nach Rom. Die Tatsache, daß Luther seit 1521 ein vom Reich Geächteter war, schränkte seinen Bewegungsraum auf jenes Gebiet ein, in dem ihm sein sächsischer Landesherr Schutz zu gewähren vermochte.

Martin Luther war ein kraftvoller Charakter, voller Energie, Eloquenz und Arbeitswillen. Doch er kannte auch Selbstzweifel und Phasen von Niedergeschlagenheit und Depression. Sein Lebensstil reichte von fast selbstzerstörerischer Askese bis hin zu ausschweifender Sinnlichkeit. Hochgebildet und zugleich von tiefer Frömmigkeit erfüllt, konnte er im Streit unerbittlich sein. Doch neben seiner Gabe zu kraftvoller Polemik, bei der er sich gern einer drastischen und sehr bildhaften Sprache bediente, konnte er auch ausgleichend wirken. Am Ende seines Lebens stand eine friedensstiftende Tat. Martin Luther starb am 18. Februar 1546 in Eisleben, nur wenige hundert Meter von seinem Geburtshaus entfernt, nachdem es ihm gelungen war, den Erbstreit der Mansfelder Grafen zu schlichten.

Der genius loci, jene eigentümliche Ausstrahlung historisch bedeutsamer Orte, ist keine meßbare Größe. Seine Faszination ist indes unbestreitbar. Wie sonst ließe es sich erklären, daß Jahr für Jahr eine kaum zählbare Menschenmenge in Achtung, Respekt und Bewunderung die Wirkungsstätten des großen deutschen Reformators besucht?

Weder das Wort des Papstes noch die Tradition der Kirche, sondern allein die Bibel besaß für Martin Luther höchste Autorität. Da er nicht nur sich selbst am Maßstab „der Schrift“ orientierte, sondern auch Lehre und Praxis der römischen Kirche daran maß, war der Konflikt, der schließlich zur Reformation führen sollte, vorprogrammiert. Die kostbar illustrierte Zerbster Prunkbibel wird in der größten reformationsgeschichtlichen Sammlung der Welt, der Wittenberger Lutherhalle, aufbewahrt.

Die Offenbarung

Das ist Tatianus / vnd die Encratite/welche die Ehe verboten vnd! Werckheiligen waren / wie hernach mals, die Pelagianer.

VND die sieben Engel mit den sieben Posaunen hatten sich gerüstet zu p
saunen. VND der erste Engel posaunete / Vnd es ward ein Hagel vn
Fewer mit Blut gemenget/ vnd fiel auff die Erden/ Vnd das dritte teil d
Beume verbrandte/ vnd alles grüne Gras verbrandte.

Das ist Martion / Manicheus mit seinen Cataphrygen.

VND der ander Engel posaunete / Vnd es fuhr wie ein grosser Berg m
Fewer brennend ins Meer. Vnd das dritte teil des Meers ward Blut
vnd das dritte teil der lebendigen Creaturen im Meer storben/ vnd das drit
teil der Schiff wurden verderbet.

Das ist Origenes.

VND der dritte Engel posaunete/ Vnd es fiel ein grosser Stern vom Him
der brandte wie eine Fackel/ vnd fiel auff das dritte teil der Wasserströn
vnd vbe

K.

Vnd vber die Wasserbrünne/ vnd der name des Sterns/ heisst Wermut. VND das dritte teil ward wermut/ Vnd viel Menschen storben von den Wassern/ das sie waren so bitter worden.

L.

L. Drey VVEH. VND der vierde Engel posaunete/ Vnd es ward geschlagen das dritte teil der Sonnen/ vnd das dritte teil des Monden/ vnd das dritte teil der Sternen/ das jr dritte teil verfinstert ward/ vnd der tag das dritte teil nicht schein/ vnd die nacht desselbigen gleichen. VND ich sahe/ vnd höret einen Engel fliegen mitten durch den Himel/ vnd sagen mit grosser stimme/ WEH/ weh/ weh/ denen die auff Erden wonen/ fur den andern stimmen der Posaunen der dreier Engel/ die noch posaunen sollen.

NOVATVS. Das ist Novatus vnd die Cathari/ Die die Busse leugnen/ vnd sonderliche Heiligen sind fur andern.

Vnd der

Die offinbarung
Johannis.
LXXXVI.
Die funtzehende figur.
Das funtzehend Capitel.
Die sechtzehend figur.

Die Reformation ist ohne die Erfindung des Buchdrucks nicht denkbar. Nur durch dieses neue Medium war es möglich, daß sich die auf die Bibel begründete Lutherische Lehre innerhalb kurzer Zeit überall in Deutschland verbreiten konnte. In Luthers Sterbehaus in Eisleben werden wertvolle Bibelausgaben, darunter auch frühe Drucke von dem Wittenberger Buchdrucker Hans Lufft, aufbewahrt.

I N R I

Wie kein anderer Maler seiner Zeit hat es Lucas Cranach d. Ä. verstanden, die reformatorische Lehre bildlich umzusetzen. In der Predella des Altars der Wittenberger Stadtkirche zeigt er den predigenden Luther, der die linke Hand auf die geöffnete Bibel legt und mit der rechten zum gekreuzigten Christus weist. Klarer läßt sich das Anliegen des Reformators kaum darstellen.

Als Martin Luther am 10. November 1483 in Eisleben geboren wurde, lebten seine Eltern erst seit kurzer Zeit in der zum Lehen der Grafen von Mansfeld gehörigen Stadt. Der aus einer Bauernfamilie stammende Vater, Hans Luther, war nach Eisleben gekommen, um in einem Bergwerk zu arbeiten. In einer Tischrede hat Luther einmal über die Eltern geäußert: „Mein Vater ist in seinen jungen Jahren ein armer Häuer gewesen, die Mutter hat all hier Holz auf dem Rücken heimgetragen. Also haben sie uns erzogen. Sie haben harte Mühsal ausgestanden, wie sie die Welt heute nicht mehr ertragen wollte."

Die Aussichten schienen zunächst günstig, denn dank reicher Silber- und Kupfervorkommen erlebte die 1180 erstmals urkundlich erwähnte Stadt im 15. Jahrhundert eine wirtschaftliche Blütezeit, die sich noch heute im Stadtbild architektonisch widerspiegelt. Das Ehepaar Hans und Margarethe Luther bezog ein Bürgerhaus der Stadt (heute Lutherstraße 15), ein zweigeschossiges Gebäude, das im 15. Jahrhundert erbaut worden war. Wahrscheinlich ist Luther in einem Raum des Obergeschosses geboren worden. Trotz eines Brandes im Jahre 1689 blieb die mittelalterliche Grundform des Hauses bis heute erhalten. Schon seit 1693 besteht hier eine Gedenkstätte, die allerdings zunächst auf die Räume im Obergeschoß beschränkt blieb, während sich im Erdgeschoß eine Armenschule befand. Über dem Eingang der Straßenfront ist ein Porträtmedaillon Luthers zu sehen, das von der Inschrift „Gottes Wort ist Luthers Lehr, darum vergeht sie nimmermehr" gerahmt wird. Im Hof steht eine in Eisen gegossene Lutherbüste des Berliner Bildhauers Gottfried Schadow. In dem heutigen Museum wird über die Familie, die Kindheit und Jugend Luthers informiert.

Am 11. November 1483, dem Martinstag, wurde Luther in der Turmkapelle der zu jener Zeit noch im Bau befindlichen spätgotischen Pfarrkirche St. Peter und Paul getauft. Der Annenaltar stammt aus dem frühen 16. Jahrhundert. Im Mittelfeld des geschnitzten Schreins ist Anna Selbdritt, gerahmt von Magdalena und Elisabeth dargestellt. Die Predella zeigt die Geburt Christi, die gemalten Außenflügel Szenen aus dem Leben der heiligen Anna, die als Schutzpatronin der Bergleute im Mansfelder Land besonders verehrt wurde. In der Kapelle befinden sich ferner vier Cranachkopien mit den Bildnissen von Luther, Katharina von Bora und Luthers Eltern.

Vor dem stattlichen Renaissancerathaus, das an die Westseite des Markts grenzt, steht ein Lutherdenkmal des Bildhauers Rudolf Simmering, das anläßlich des 400. Geburtstages des Reformators am 10. November 1883 enthüllt wurde. Es zeigt, wie Luther die päpstliche Bannbulle öffentlich verbrennt. Am Sockel sind Reliefs mit den folgenden Szenen zu sehen: eine allegorische Darstellung des Sieges der Reformation / Luther im Kreis seiner Familie / die Bibelübersetzung / die Disputation mit Eck.

Schon bald mußte Hans Luther einsehen, daß es in Eisleben für ihn keine berufliche Zukunft gab. So verließ die Familie die Stadt schon 1484 und ließ sich im nur wenig entfernten Mansfeld nieder. Bereits seit dem 11. Jahrhundert bestand in dem malerischen Bergbaustädtchen eine Burg, auf der die Grafen von Mansfeld herrschten. Hans Luther war zunächst als Hauer in einem Kupferbergwerk tätig, pachtete 1490 ein kleines Hüttenwerk und konnte sich schließlich als Kleinunternehmer selbständig machen, was der Familie zu bescheidenem Wohlstand verhalf. Die Luthers bewohnten ein schlichtes Haus zu Füßen des Schlosses (heute Lutherstraße 26), das 1805 zum größten Teil abgebrochen und 1880 als Museum wiederaufgebaut wurde. Luther hatte, das bezeugen mehrere Quellen, trotz strenger Erziehung ein inniges Verhältnis zu den Eltern und seinen jüngeren Geschwistern. In Mansfeld besuchte Luther die Schule, wo er im Lesen, Schreiben, Singen und in Latein unterrichtet wurde. Die ersten Kontakte zum kirchlichen Leben hatte er in der spätgotischen Stadtkirche St. Georg. Er ging mit den Eltern zur Messe, wurde Ministrant und sang im Kirchenchor.

Im Inneren der mehrfach veränderten Kirche befindet sich ein Lutherbild von 1540 sowie ein Auferstehungsgemälde aus der Cranachwerkstatt. Zum Abendmahlsgerät gehört ein vergoldeter gotischer Kelch, den Luther wahrscheinlich während seines Ministrantendienstes in den Händen gehalten hat. Heute wird er im Luthermuseum aufbewahrt.

Ein Altersbildnis von Hans Luther. Nach seinem Willen hätte der Sohn Martin ein erfolgreicher Jurist werden sollen. Als er statt dessen ein Mönchsgelübde ablegte, war Hans Luther außer sich. Später konnte er den Sohn und dessen Anliegen besser verstehen.

Als Kind dürfte Luther kaum Zugang zu der stolzen Burg gehabt haben, die auf einem Felsvorsprung hoch über dem kleinen Städtchen thront. 1509 fiel sie einem verheerenden Feuer zum Opfer, wurde aber anschließend neu erbaut. Später riefen die Mansfelder Grafen den Reformator mehrfach auf ihren Stammsitz, um ihn zu juristischen Problemen zu befragen. Bei seinen Besuchen predigte Luther auch in der Schloßkapelle, die als eines der bedeutendsten Sakralbauwerke der Spätgotik zwischen dem Harz und der Elbe gilt.

„Hernach, da dieser Knabe in sein 14. Jahr ging", vermerkt der Chronist Johann Mathesius, „hat ihn sein Vater durch Herrn Johannes Reinecke gen Magdeburg in die Schule gesandt, die damals von vielen anderen weit berühmt war. Dort ist er nach Brot gegangen und hat sein Panem propter Deum geschrien." Im Frühjahr 1497 war Luther gemeinsam mit seinem gleichaltrigen Freund Hans Reinecke, dem Sohn des in der Chronik erwähnten Mansfelder Hüttenmeisters, an die renommierte Schule der „Brüder vom gemeinsamen Leben", einer nichtmönchischen Reformbewegung, gekommen. In Magdeburg hatte der junge Luther sein erstes Großstadterlebnis. Die Stadt, die schon seit 968 Sitz eines Erzbischofs war und zum Hansebund gehörte, war durch den Handel reich geworden. Mehr als 30 Türme ragten in den Himmel, und in den Straßen und auf den Plätzen pulsierte farbiges Leben. Die Schüler mußten sich ihren Unterhalt durch Singen und Betteln verdienen. Luthers Schule befand sich unweit des gewaltigen Doms, der im Jahr 955 gegründet und ab 1209 in gotischen Formen neu erbaut worden war. Die berühmten Doppeltürme, die zum Wahrzeichen der

Stadt geworden sind, hat Luther während seiner Schulzeit jedoch noch nicht sehen können, sie wurden erst 1520 vollendet.

Doch Luther blieb nur wenige Monate in Magdeburg, denn bald riefen ihn seine Eltern zurück, um ihn an die Georgenschule nach Eisenach zu schicken. Die Eltern wünschten, daß Martin seine schulische Ausbildung in der Heimatstadt der Mutter fortsetzen sollte, wo noch viele ihrer Verwandten lebten. Wie er diesen Wechsel aufgenommen hat, ist nicht bekannt. Doch der Unterschied zwischen den beiden Städten dürfte gewaltig gewesen sein. Im Gegensatz zu dem großstädtischen Magdeburg war das am Nordrand des Thüringer Waldes gelegene und um die Mitte des 12. Jahrhunderts von den Thüringer Landgrafen zur Stadt erhobene Eisenach ein Nest, ein „Pfaffennest", wie Luther in Anbetracht der Tatsache, daß damals jeder zehnte der drei- bis viertausend Einwohner dem geistlichen Stand angehörte, sarkastisch angemerkt haben soll.

Im 15. Jahrhundert gab es in Eisenach drei Kirchen und sieben Klöster. In seinen Tischreden sagte Luther: „Ich habe in Eisenach die Schule besucht und mein Brot vor den Türen ersungen; darauf kam ich zu Heinrich Schalbe, einem Eisenacher Bürger, und habe seinen Sohn zur Schule geführt." Über die Quartiere des Latein- und Singschülers gibt es unterschiedliche und zum Teil widersprüchliche Auskünfte. Sicher ist nur, daß die begüterte Kaufmannsfrau Ursula Cotta den jungen Luther zu sich nahm, doch das „Lutherhaus" (Lutherplatz), in dem sich heute eine Gedenkstätte befindet, gehörte nicht ihr, sondern einem ihrer Brüder. Wahrscheinlich hat Luther zumindest zeitweise hier gewohnt. In der frommen Patrizierfamilie Cotta wurde Luther mit dem bürgerlichen Milieu vertraut, das ihn von nun an zeitlebens prägen sollte.

Unweit dieses Hauses erhebt sich auf dem Markt die Stadtkirche St. Georg, in der Luther – wie zwei Jahrhunderte später auch Johann Sebastian Bach – als Kurrendaner regelmäßig sang. Die Georgenkirche war um 1188 zu Ehren von St. Georg, dem Schutzheiligen der Stadt, errichtet und später häufig umgebaut worden. Aus Luthers Zeit stammt noch der Taufstein, an dem 1685 Johann Sebastian Bach getauft wurde. Zu den herausragenden Kunstwerken gehört die um 1500 entstandene Kreuzigungsgruppe, die thüringischen oder fränkischen Ursprungs ist.

Für Luther, der später mehrfach nach Eisenach zurückkehrte und auf seiner Rückreise vom Wormser Reichstag in St. Georg predigte, waren die drei Jahre seiner hiesigen Schulzeit offenbar mit angenehmen Erinnerungen verbunden, denn er nannte Eisenach später „meine liebe Stadt".

Ein Gesicht, das von der Härte des Alltagslebens gezeichnet ist: Margarete Luther, die Mutter des Reformators, auf einem Porträt von Lucas Cranach.

Eisleben, Lutherstraße 15: eine weltberühmte Adresse. Am 10. November 1483 wurde Martin Luther in diesem Haus, das seine Eltern erst kurz zuvor bezogen hatten, geboren. Heute befindet sich hier eine Gedenkstätte, in der man sich über die Familie, die Kindheit und Jugend des Reformators informieren kann.

Eisleben, der Geburts- und Sterbeort Luthers, gehörte zum Lehen der Grafen von Mansfeld. Die Stadt, die bereits 1180 erstmals urkundlich erwähnt wurde, erlebte dank reicher Silber- und Kupfervorkommen im 15. Jahrhundert eine wirtschaftliche Blütezeit, die sich am Stadtbild noch heute ablesen läßt.

Zu Füßen des Mansfelder Schlosses liegt die kleine, von weiten Feldern und Wiesen umgebene Stadt, in der Luther seine Kindheit verbrachte. In Mansfeld kam er zur Schule, hier hatte er auch seine ersten Begegnungen mit dem kirchlichen Leben. Er ging mit seinen Eltern in die spätgotische Stadtkirche St. Georg zur Messe, wirkte dort auch als Ministrant und sang im Kirchenchor mit.

Die beiden Türme des Magdeburger Doms ragen majestätisch in den Abendhimmel. Luther selbst hat dieses Panorama allerdings noch nicht genießen können. Als er 1497 in die Stadt an der Elbe kam, um hier in der Schule der „Brüder vom gemeinsamen Leben“ zu lernen, waren die gewaltigen Domtürme noch im Bau. Sie wurden erst 1520 vollendet.

Das Eisenacher Lutherhaus. Zumindest zeitweise hat Luther, der seine schulische Ausbildung in Eisenach fortsetzte, in diesem Haus gewohnt. Mit der thüringischen Kleinstadt, in der es damals drei Kirchen und sieben Klöster gab, verbanden sich für den Reformator wohl sehr gegensätzliche Erinnerungen. Er nannte sie „Pfaffennest“, aber auch „meine liebe Stadt“.

Bonifatius hatte im Jahr 742 das Bistum Erfurt gegründet, das jedoch bald darauf Mainz einverleibt wurde. Durch die Politik Karls des Großen entwickelte sich die Stadt ab 805 zu einem wichtigen Platz im Handelsverkehr mit den Slawen. Durch seine günstige Lage an der via regia erlebte Erfurt seit dem 13. Jahrhundert einen enormen wirtschaftlichen Aufschwung. Obwohl es der Stadt nie gelang, Reichsstadt zu werden, brachte die 1348 erreichte Reichsunmittelbarkeit einen vergleichbaren Status. Im 14. Jahrhundert war Erfurt mit 15.000 bis 20.000 Einwohnern die sechstgrößte deutsche Stadt, es gab mehr als 90 Kirchen und 36 Klöster. Noch heute bestimmen der prachtvolle Dom und die benachbarte Severikirche das Stadtbild in eindrucksvoller Weise.

Die 1392 gegründete Erfurter Universität, die bis 1816 bestand, gehörte zu den großen Universitäten Europas. Vor allem im späten 15. und frühen 16. Jahrhundert erlangte sie Einfluß auf die geistesgeschichtliche Entwicklung durch den in Erfurt bestehenden Humanistenkreis. Das Gebäude der Universität wurde 1945 zerstört, erhalten blieb nur ein spätgotisches Kielbogenportal.

Auf Wunsch seines Vaters ließ sich Martin Luther hier im April 1501 in die Matrikel der Artistenfakultät einschreiben, die eine Art Vorbereitungsstudium für die spätere Aufnahme in die medizinische, juristische oder theologische Fakultät bot. Die „Sieben freien Künste" umfaßten Grammatik, Rhetorik und aristotelische Dialektik sowie Metaphysik, Geometrie, Musik und Astronomie. Luther war ein erfolgreicher Student, schon nach einem Jahr legte er im September 1502 die Prüfung als Bakkalaureus artium ab, und Anfang 1505 promovierte er zum Magister. Neben genauen Kenntnissen der Scholastik erlernte er die Kunst der Disputation, was ihm später sehr nützlich werden sollte. Bereits als Magister begann Luther Vorlesungen zu halten, außerdem beschäftigte er sich mit dem juristischen Spezialstudium.

Als der Student im Frühsommer 1505 seine Eltern in Mansfeld besuchte, schien er am Beginn einer glänzenden juristischen Karriere zu stehen, ganz wie es sich Hans Luther immer für seinen Sohn erträumt hatte. Doch auf dem Rückweg nach Erfurt kam es zu einem Ereignis, das Luthers weiteren Lebensweg in eine völlig andere Richtung lenken sollte. Am 2. Juli 1505 geriet der 21jährige in Stotternheim, kurz vor Erfurt, in ein heftiges Gewitter. Der Legende nach rief er: „Hilf Du, Sankt Anna, ich will ein Mönch werden." Als der Vater von diesem Gelübde erfuhr, war er außer sich und „wollte gar toll" werden, denn mit einem Male schienen nun die glänzenden Karrierechancen des Sohnes null und nichtig geworden zu sein. Doch Luther ließ sich in seinem Entschluß nicht beirren. Am 16. Juli 1505 feierte er mit seinen Kommilitonen und Freunden noch ein feuchtfröhliches Abschiedsfest und ließ sich von ihnen am darauffolgenden Tag an das Tor zum „Schwarzen Kloster" auf der Comthurgasse geleiten. Die eigentliche Aufnahme in den besonders asketisch geprägten Orden erfolgte mit dem Eintritt ins Noviziat Ende September des gleichen Jahres.

Luthers Zelle im Augustinerkloster, die im Sinne mittelalterlicher Kargheit rekonstruiert wurde, vermittelt noch heute einen Eindruck vom Klosteralltag dieses strengen Ordens. Der Tagesablauf wurde durch Fasten, Beten, Beichten und Schweigen bestimmt. Nach knapp einjähriger Selbstprüfung legte Luther im Sommer 1506 das Mönchsgelübde ab.

Das Erfurter Augustinereremitenkloster stammt im Kern aus dem 13. Jahrhundert. Ab 1277 wurde die Kirche erbaut, der Kreuzgang entstand Mitte des 14., der Glockenturm und das Winterrefektorium Mitte des 15. Jahrhunderts. Die Errichtung des Bibliotheksgebäudes erlebte Luther während seiner Mönchszeit. 1945 wurde das Kloster zerstört, erst ab 1982 wurde es im Zusammenhang mit den Feierlichkeiten zu Luthers 500. Geburtstag wiederhergestellt.

In einer feierlichen Zeremonie wurde Martin Luther am 4. April 1507 im Erfurter Dom zum Priester geweiht. Der Dom gehört zu den wertvollsten und beeindruckendsten Monumenten der deutschen Sakralarchitektur des Mittelalters. Zu den schönsten Kunstwerken des im wesentlichen 1465 vollendeten Bauwerks zählt der reiche Figurenschmuck an den Portalen der nördlichen Vorhalle. Zu sehen sind die klugen und törichten Jungfrauen, Ecclesia und Synagoge, der Gnadenstuhl, Maria und die zwölf Apostel sowie eine Kreuzigungsgruppe, die etwa 1340 entstand. Auch das Innere des Doms ist reich mit Kunstwerken ausgestattet.

Einen knappen Monat nach der Priesterweihe, am 2. Mai 1507, las Luther in der Klosterkirche seine erste Messe. In der langgestreckten Basilika befindet sich neben wertvollen Grabmälern aus dem 14. und 15. Jahrhundert ein bedeutender mittelalterlicher Glasfensterzyklus, der das Leben des heiligen Augustinus zum Inhalt hat. Luther erinnerte sich später: „Als ich in Erfurt die erste Messe feierte und die Worte las ‚Ich opfere Dir, dem lebendigen, einzigen Gott', entsetzte ich mich derart, daß ich vom Altar weglaufen wollte, und ich hätte es getan, wenn nicht mein Prior mich zurückgehalten hätte. Denn ich dachte: Wer ist der, mit dem du redest? Von der Zeit an habe ich mit großem Entsetzen Messe gelesen und danke Gott, daß er mich daraus erlöset hat." Diese Sätze vermitteln einen tiefen Einblick in die Seelenlage des jungen Mannes, der sich verzweifelt um sein Verhältnis zu Gott bemühte.

Mit der Priesterweihe war die Ausbildung jedoch keineswegs beendet. Luther begann nun zielgerichtet mit dem Studium der Theologie, wechselte im Oktober 1508 für einige Zeit in das Augustinerkloster Wittenberg, wo er den Lehrstuhl für die artistische Fakultät und Moralphilosophie übernahm, seine theologischen Studien aber gleichzeitig fortsetzte. 1509 kehrte er nach Erfurt zurück, promovierte als Bakkalaureus biblicus und nahm 26jährig eine Lehrtätigkeit am Generalstudium des

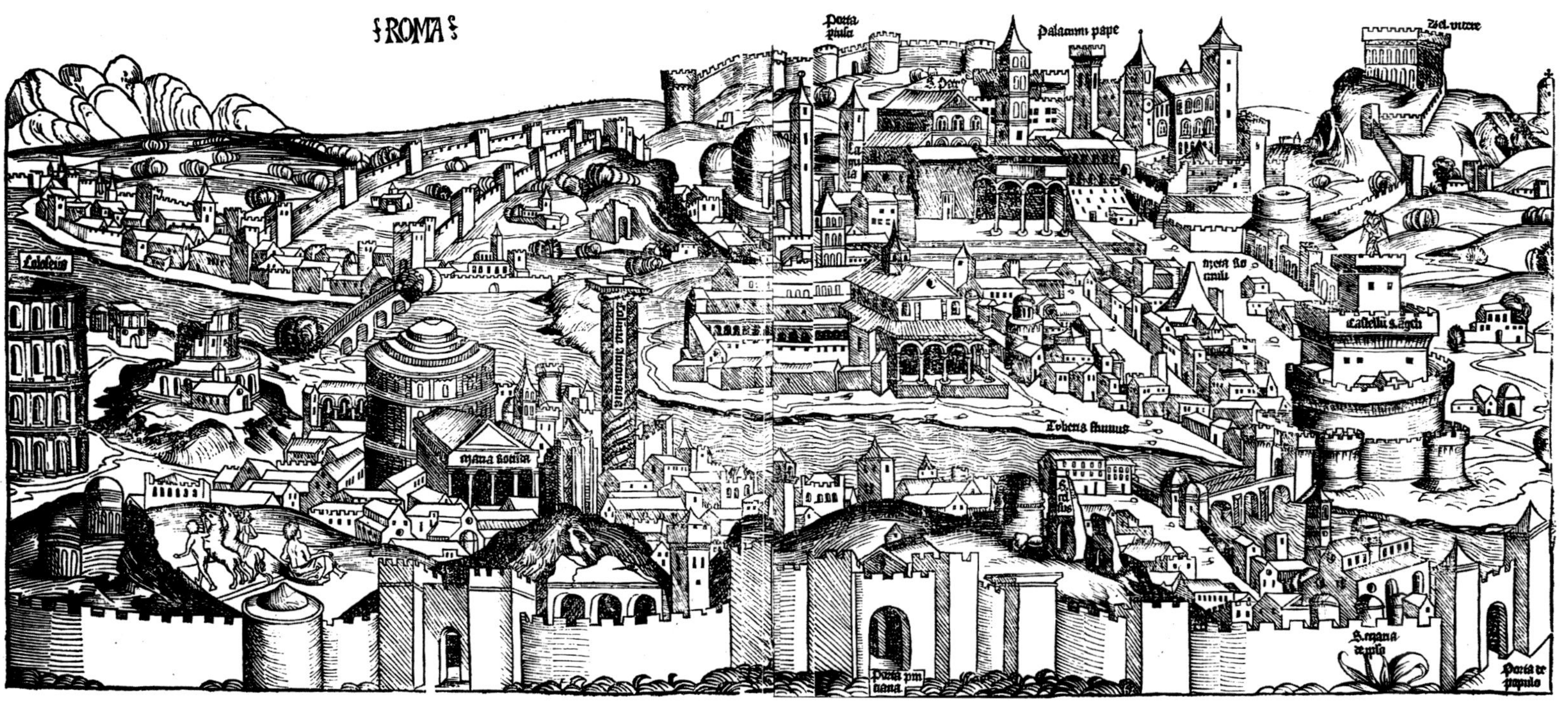

Augustinerordens auf. Drei- bis viermal wöchentlich stieg er nun die Treppen zum Domberg hinauf, um Vorlesungen zu halten. Sie fanden im auditorium coelicum statt, das seinen Namen von der ursprünglich mit Tierkreiszeichen geschmückten Decke herleitete. Heute betritt man den großen, rechteckigen, mit einer Holztonne gedeckten Raum an der Nordseite durch ein schmales Spitzbogenportal. Seit 1953 dient der Saal, der im Laufe der Jahrhunderte unterschiedlich genutzt wurde, dem Philosophisch-Theologischen Seminar zur Ausbildung katholischer Priester, die sicher nicht alle Ansichten ihres prominenten Vorgängers teilen, ihn aber auch längst nicht mehr als verabscheuungswürdigen Ketzer betrachten.

Innerhalb des Klosters besaß Luther großes Ansehen, und so war es kein Zufall, daß man ihn – gemeinsam mit einem anderen Ordensbruder – beauftragte, zur Klärung eines im Kloster ausgebrochenen Streits nach Rom zu pilgern. Luther machte sich im Winter 1510 auf den Weg. Zu Fuß natürlich, denn die bequemere Reise in einer Kutsche stand einem Augustinermönch nicht an. Für Martin Luther war dies die weiteste Reise, die er in seinem Leben unternehmen sollte. Nur dieses einzige Mal verließ er deutsches Territorium.

Rom, das Sehnsuchtsziel zahlloser deutscher Pilger, wurde für Luther zu einer großen Enttäuschung. Er besichtigte zwar die historischen Monumente, registrierte aber vor allem den Sittenverfall des römischen Klerus, der ihm den inneren Zustand der Kirche drastisch vor Augen führte. Die Stadtansicht entstand 1493, 17 Jahre vor Luthers Rom-Aufenthalt.

Rom, die Stadt der Päpste und Heiligen, war das Sehnsuchtsziel aller gläubigen Menschen des Mittelalters. Auch Luther war beeindruckt. Er fand Zeit, die Kirchen und Klöster, die Katakomben und Paläste zu sehen. Allerdings faszinierte ihn, der keinen ausgeprägten Sensus für die bildende Kunst besaß, die aufblühende Renaissancekunst nur wenig. Mehr als an den Fresken des Pinturicchio war er an einem Bildnis der Jungfrau Maria interessiert, weil es dem Evangelisten Lukas zugeschrieben wurde. Den Petersdom, dessen Grundstein eben erst gelegt worden war, konnte er nur als Bauplatz sehen, und die großartigen Monumente der Antike ließen ihn kalt.

Was ihn dagegen erregte, waren das Lotterleben und der sittliche Verfall des italienischen Klerus. Wie konnte es nur möglich sein, daß die Priester ihre Messen schnell herunterleierten, um möglichst bald die römischen Hurenviertel besuchen zu können, fragte sich der deutsche Mönch verwirrt. Rückblickend schrieb er über seinen vierwöchigen Aufenthalt: „Ich bin zu Rom gewesen nicht lange, hab daselbst viel Messen gehalten und auch sehen viel Messen halten, daß mich grauet, wenn ich daran denke. Da hörte ich unter andern groben Possen über Tische die Kurtisanen (päpstliche Hofleute) lachen und rühmen, wie etliche Messe hielten und über Brot und Wein sprechen diese Worte: Du bist Brot und wirst Brot bleiben. Du bist Wein und wirst Wein bleiben, und also aufgehoben. Nun, ich war ein junger, und recht ernster, frommer Mönch, dem solche Wort wehe taten. Was sollte ich doch denken? Was konnte mir anders einfallen denn solche Gedanken: Redet man hie zu Rom frei öffentlich über Tische also? Wie? Wenn sie allzumal, Papst, Kardinäle samt den Kurtisanen, also Messe hielten?“

Es war für den jungen Martin Luther ein Schock festzustellen, daß viele römische Kleriker das Sakrament der Eucharistie, in dem sich nach katholischer Lehre die Wandlung von Brot und Wein zu Leib und Blut Christi vollzog, längst nicht mehr ernst nahmen. In Rom, das dürfte ihm damals klargeworden sein, liefen die Dinge aus dem Ruder. Er kehrte desillusioniert nach Erfurt zurück. Seine spätere Kritik am Papsttum erklärt sich wesentlich aus dem Erlebnis der kurzen Romreise.

In einer grandiosen architektonischen Inszenierung erheben sich Dom und Severikirche über die Erfurter Altstadt. Als Luther sich 1501 an der Erfurter Universität in die Matrikel der Artistenfakultät einschreiben ließ, war Erfurt mit etwa 20.000 Einwohnern die sechstgrößte Stadt im Reich. Es gab prachtvolle Bürgerhäuser, 36 Klöster und mehr als 90 Kirchen.

Knapp dem Tode entronnen, trat Luther am 17. Juli 1505 – einem Gelübde folgend – in das asketisch geprägte Erfurter Augustinerkloster ein. Am Tag zuvor hatte er sich mit einem feuchtfröhlichen Gelage von seinen Kommilitonen verabschiedet. Nachdem er das Tor des „Schwarzen Klosters" durchschritten hatte, bezog er eine karge Zelle und begann seine quälende Suche nach „einem gnädigen Gott". Das Kloster wurde anläßlich Luthers 500. Geburtstages aufwendig restauriert.

Chorgestühl und Hochaltar des Erfurter Doms. Am 4. April 1507 wurde Martin Luther hier zum Priester geweiht. Der mit kostbaren Kunstwerken reich ausgestattete Dom war im wesentlichen 1465 vollendet. Er gehört zu den schönsten Sakralbauten des deutschen Mittelalters. Das gotische Chorgestühl stammt aus den Jahren 1350 bis 1360, der in eindrucksvollen Barockformen gestaltete Altar wurde 1697 vollendet.

Als Luther im Spätsommer 1511 von Erfurt nach Wittenberg versetzt wurde, lebten hier nur etwa 2.000 Menschen. Die am rechten Elbufer gelegene Stadt Wittenberg wurde 1180 erstmals urkundlich erwähnt und erhielt 1293 das Stadtrecht. Ursprünglich dem alten Herrschergeschlecht der Askanier gehörig, kam die Stadt in den Besitz der Wettiner, der sächsischen Herrscherdynastie. Als Sachsen 1485 zwischen den Brüdern Ernst und August geteilt wurde, fiel Wittenberg der ernestinischen Linie zu. Wittenberg hatte vor allem deshalb Bedeutung, weil mit seinem Besitz die Kurwürde, d. h. das nur wenigen Fürsten vorbehaltene Recht, den Kaiser zu wählen, verbunden war.

Davon abgesehen war Wittenberg ein ziemlich verschlafener Ort ohne große Bedeutung. Man lebte bescheiden von Handel und Handwerk, und kein Mensch konnte ahnen, daß die kleine Stadt an der Elbe einmal weltberühmt werden sollte. Erst nach dem Regierungsantritt Friedrichs des Weisen (1463–1525, Kurfürst seit 1486) ging es mit Wittenberg aufwärts. Im späten 15. und frühen 16. Jahrhundert baute er die Stadt zur repräsentativen Residenz seines Kurfürstentums aus. Ein wichtiger Schritt dazu war die 1502 vollzogene Gründung der Universität, die später mit über 3.000 eingeschriebenen Studenten um ein Vielfaches größer als die anderen deutschen Universitäten war.

Wie schon während seines ersten vorübergehenden Aufenthalts bewohnte Luther nun das Klostergebäude der Augustinereremiten. Hier konnte er bis zu seinem Lebensende bleiben, denn nach Auflösung des Ordens stellte ihm der Kurfürst das Haus zur Verfügung. Im rechten Teil des spätgotischen Gebäudes, der von Luthers Familie bewohnt wurde, blieb das als „Lutherstube" bekannte Wohnzimmer des Reformators erhalten. Der Fußboden, die Täfelung, aber auch die Bänke und der Eichenholztisch stammen noch aus Luthers Zeit.

Von großer Schönheit ist das Eingangsportal des Lutherhauses, das aus dem Jahre 1540 stammt. Es ist seitlich von zwei Sitznischen mit Baldachinen gerahmt, über denen sich ein spätgotischer Kielbogen erhebt, der in einer Kreuzblume ausläuft. Die Unterseiten des Baldachins zeigen rechts die Lutherrose und links ein Bildnis des Reformators, bei dem es sich um eines der ältesten Steinbilder Luthers handelt. Das Portal, das aus Pirnaer Sandstein gearbeitet wurde, ist ein Geburtstagsgeschenk Katharina von Boras an ihren Mann. In dem Haus befindet sich heute mit der Lutherhalle die größte reformationsgeschichtliche Sammlung der Welt.

Am 18. und 19. Oktober 1512 fand in der Schloßkirche Martin Luthers Promotionsfeier statt. Die Erlangung des theologischen Doktorgrades war die Voraussetzung für sein weiteres Wirken an der Universität. Luther selbst hielt allerdings zunächst nicht viel von dieser beruflichen Perspektive, doch Johannes Staupitz, der Generalvikar des Augustinerordens, hatte die Begabung des jungen Mannes längst erkannt. Luther erinnerte sich später an das entscheidende Gespräch mit ihm: „Unter diesem Baum vereinbarte Staupitz mit mir, daß ich Doktor werden sollte. Ich aber hielt ihm 15 Gründe entgegen. Staupitz sagte: ‚Ei, Lieber, seid nicht klüger als der ganze Konvent und die Patres!' Darauf ich: ‚Ich bin sicher, daß ich nicht lange leben werde; wozu soll man so hohe Kosten aufwenden?' Staupitz antwortete: ‚Es ist gleich recht. Unser Herrgott hat viel zu schaffen im Himmel; wenn Ihr sterbt, so kommt Ihr in seinen Rat, denn er muß auch einige Doctores haben.' So hat er mich durch einen Scherz widerlegt."

Da der mittellose Mönch die Promotionsgebühren nicht aufbringen konnte, erstattete ihm der Kurfürst den Betrag. Als Gegenleistung mußte Luther sich dazu verpflichten, lebenslang Vorlesungen in Wittenberg zu halten. Die Schloßkirche, in der aufgrund ihrer gleichzeitigen Funktion als Universitätskirche die Promotion feierlich vollzogen wurde, ist eine spätgotische eingeschossige Halle mit mehrseitig geschlossenem Chor. Sie entstand 1490 bis 1507 als Teil des Schloßkomplexes nach Plänen von Conrad Pflüger. 1760 durch Brand zerstört, folgte anschließend ein Wiederaufbau als barocke Hofkapelle. Ende des 19. Jahrhunderts bemühte man sich um eine Rekonstruktion des gotischen Urzustandes. Das Innere wurde als neugotische Ruhm- und Gedächtnishalle der Reformation angelegt. Leider blieb von der außerordentlich reichen Renaissanceausstattung, zu der auch Friedrichs des Weisen berühmte Reliquiensammlung zählte, fast nichts erhalten. Zu sehen sind noch einige Bronzeepitaphien, die aus der Nürnberger Vischer-Werkstatt stammen, sowie die Gräber von Luther und Melanchthon. Das äußere Erscheinungsbild der Kirche wird heute stark von dem 1892 vollendeten Turm geprägt, dessen mit reichem Maßwerk geschmückte Kuppel die Kaiserkrone symbolisieren soll.

Das Gebäude der ehemaligen Universität, wo Luther nun sein Amt als Professor für Bibelexegese antreten konnte, befindet sich auf der Collegienstraße. Das auf der Hofseite gelegene Alte Kollegium wurde 1503 nach dem Entwurf des Wittenberger Schloßbaumeisters Conrad Pflüger erbaut. Von 1509 bis 1511 entstand direkt an der Straße das Neue Kollegium, das nach Friedrich dem Weisen, dem Gründer und Bauherrn, benannt wurde. Im Untergeschoß befanden sich die Hörsäle, darüber die schlichten Unterkünfte für die Studenten.

Hier hielt Luther seine Vorlesungen und disputierte mit den Studenten. Zum Lehrkörper gehörten auch Philipp Melanchthon (1497–1560) und Andreas Karlstadt, zwei wichtige – wenn auch sehr gegensätzliche – Persönlichkeiten der Reformation. Eine Gedenktafel neben dem Portal gibt Auskunft über berühmte Schüler und Lehrer der Universität. Im 19. Jahrhundert wurde das Gebäude mehrfach umgebaut.

Neben seiner Lehrtätigkeit, die er zeitlebens ausübte, hatte Luther seit 1514

auch die Predigerstelle an der Stadtkirche St. Marien inne. Die damit verbundene Verpflichtung zu zwei wöchentlichen Predigten erklärt den Umstand, daß er die meisten Predigten seines Lebens in dieser Kirche hielt. Hier führte er 1522 auch das evangelische Abendmahl „in beiderlei Gestalt", d. h. mit Brot *und* Wein, ein, legte 1524 demonstrativ die Mönchskutte ab und ließ sich ein Jahr darauf mit Katharina von Bora trauen.

Bildnis Martin Luthers als Augustinermönch. Das Porträt aus der Cranach-Werkstatt entstand 1523, ein Jahr bevor Luther die Mönchskutte für immer ablegte.

Die Marienkirche ist das älteste Gebäude Wittenbergs. Ihre Ursprünge reichen bis ins 13. Jahrhundert zurück. Der zweischiffige Chor mit seinem Kreuzrippengewölbe entstand Anfang des 14. Jahrhunderts, die spätgotische Halle von 1411 bis 1439.

Das bemerkenswerteste Kunstwerk der Kirche ist der 1547 geweihte Reformationsaltar von Lucas Cranach d. Ä. In der mittleren Tafel ist die Einsetzung des Abendmahls dargestellt. Rechts im Vordergrund erkennt man im Kreis der zwölf Apostel Luther als Junker Jörg, der Lucas Cranach d. J. den Kelch reicht. Das linke Bild zeigt die Taufe mit Melanchthon in der Rolle des Täufers. Die rechte Tafel hat die Beichte zum Thema. Mit Johannes Bugenhagen (1485–1558) steht auch hier einer der Wittenberger Reformatoren im Zentrum des Geschehens. Besonders bekannt wurde das Predellengemälde „Die Wortverkündigung". Der predigende Luther weist auf den gekreuzigten Christus in der Bildmitte. Zur Gemeinde in der linken Bildhälfte zählen Lucas Cranach d. Ä., Luthers Frau und einer seiner Söhne.

Luthers erste Wittenberger Jahre waren von der intensiven Suche nach der Wahrheit des Evangeliums gekennzeichnet. Noch immer beschäftigte ihn jene Frage, die ihm schon in der kargen Erfurter Mönchszelle um den Schlaf gebracht hatte: „Wie finde ich einen gnädigen Gott?" In seinen Vorlesungen zu den Psalmen, zum Römer-, Galather- und Hebräerbrief befaßte er sich mit der Rechtfertigungslehre, also mit der Frage, wie man vor Gott als sündiger Mensch bestehen kann. Er kam dabei zu der Auffassung, daß dies nur im Glauben an den gekreuzigten Jesus Christus und einzig und allein durch die göttliche Gnade möglich sei. Das klingt heute nicht besonders revolutionär, zu Luthers Lebzeiten war es das aber und es wird deutlich, wenn man sich die zu Beginn des 16. Jahrhunderts übliche kirchliche Praxis vor Augen führt: Sündenablaß war zu einer käuflichen Ware verkommen. Wer zahlen konnte, dem stand auch ein Platz im Jenseits zur Verfügung. Was das bedeutete, kann man nur ermessen, wenn man sich die im Mittelalter weit verbreitete Angst vor den Qualen des Fegefeuers vor Augen führt, die den Sünder nach seinem Tod erwarteten.

Schlimm genug, dachte der Wittenberger Theologieprofessor, der schon längst erkannt hatte, daß sich der Ablaßhandel nicht mit dem Inhalt der Bibel in Einklang bringen ließ. Als aber Papst Leo X. (Giovanni de Medici, 1475–1521, Papst seit 1513) 1515 einen „Plenarablaß“, der die völlige Vermeidung des Fegefeuers für diejenigen beinhaltete, die durch Spenden den Neubau des Petersdoms in Rom förderten, verkündet hatte, platzte Luther der Kragen. Vor allem das Wirken eines ganz besonders eifrigen Ablaßhändlers brachte ihn auf. 1541 schrieb Luther rückblickend:

„Es geschah im Jahr, da man 1517 schrieb, daß ein Predigermönch mit Namen Johannes Tetzel, ein großer Clamant (Schreihals), welchen zuvor Herzog Heinrich hatte zu Innsbruck vom Sack erlöst . . ., derselbige Tetzel führet nun den Ablaß umher und verkauft Gnade ums Geld, so teuer oder wohlfeil er aus allen Kräften vermocht. Zu der Zeit war ich Prediger allhie im Kloster und ein junger Doktor, neulich aus der Esse gekommen, hitzig und lüstig in der Heiligen Schrift. Als nun viel Volks von Wittenberg lief dem Ablaß nach gen Jüterbog, Zerbst etc. und ich (so wahr mich mein Herr Jesus Christus erlöst hat) nicht wußte, was der Ablaß wäre, wie es denn kein Mensch nicht wußte, fing ich säuberlich an zu predigen, man könne wohl Besseres tun, das gewisser wäre, als Ablaß zu lösen.“

Wie weit Tetzel das florierende Geschäft mit der Seelenerlösung auf die Spitze getrieben hat, geht aus einer anderen Äußerung Luthers hervor. Er schrieb: „Indes kommt vor mich, wie der Tetzel wieder hätte gepredigt greulich schreckliche Artikel, der ich diesmal etliche will nennen: Er hätte solche Gnade und Gewalt vom Papst, wenn einer gleich die heilige Jungfrau Maria, Gottes Mutter, hätte geschwächt oder geschwängert, so könnte ers vergeben, wo derselbe in den Kasten lege, was sich gebühre.“

Das hat Tetzel allerdings später energisch bestritten. Luther hat ihn auch nie persönlich predigen hören, sondern war immer auf die Berichte anderer angewiesen. Johannes Tetzel, der 1465 im sächsischen Pirna geboren worden war und 1519, also zwei Jahre nach Luthers Thesenanschlag, in Leipzig starb, gilt als eine Art Buhmann der Reformationsgeschichte. Angeblich war er wegen seines lasterhaften Vorlebens von Kaiser Maximilian I. (1459–1519, Kaiser seit 1508) zum Tode verurteilt und nur dank der Fürsprache des sächsischen Kurfürsten begnadigt worden. Diese und ähnliche Geschichten darf man getrost anzweifeln, selbst Luther hat wohl im Lauf der Zeit nicht mehr allzuviel darauf gegeben und seinem Widersacher einen versöhnlichen Brief in sein Sterbezimmer geschickt.

Daß Tetzel ein emsiger Ablaßhändler war, steht ebenso außer Frage wie die Tatsache, daß er – um es modern auszudrücken – eine Menge von PR verstand. Bei seinem berühmtgewordenen Spruch „Sobald das Geld im Kasten klingt / Die Seele aus dem Fegefeuer springt“ dürfte es sich vermutlich um den ersten modernen Werbeslogan handeln. Doch Tetzel war dennoch nur einer von vielen, die mit dem Ablaß einen schwunghaften Handel trieben. Luther war zwar über dieses Treiben erbost, doch er wußte genau, daß es sich nicht um das Problem Tetzel, sondern um viel grundsätzlichere Dinge handelte.

Mit Zorn und Leidenschaft hatte er schon mehrfach gegen den Ablaß gepredigt. Friedrich der Weise, der natürlich davon gehört hatte, war allerdings nicht sonderlich erbaut davon. Schließlich hing er an seiner Reliquiensammlung, die ihrerseits sündenerlösende Kraft besaß. Dennoch: Er ließ Tetzel nicht nach Kursachsen hinein, vor allem wohl, weil die Ablaßgelder möglichst im Land bleiben sollten.

Anfangs hatte auch Luther den Ablaß noch nicht grundsätzlich in Frage gestellt. Es ging ihm nur um den offenkundigen Mißbrauch, der damit getrieben wurde. Dagegen predigte er an, doch er tat noch mehr: Am 31. Oktober 1517 schlug er an die Tür der Schloßkirche zu Wittenberg seine 95 kritischen Thesen, um einen Disput über die Frage des Ablasses zu erreichen. Über die genauen Umstände dieses spektakulären Schrittes sind die Historiker noch immer unterschiedlicher Meinung. Tatsache ist aber, daß diese Thesen, die eigentlich nur für einen Streit unter Gelehrten gedacht waren, innerhalb kurzer Zeit enorme Wirkung zeigten. Die evangelische Kirche feiert am 31. Oktober das Reformationsfest und begeht damit den Jahrestag ihrer Gründung.

Davon konnte allerdings im Jahre des Herrn 1517 keine Rede sein. Es war auch keineswegs so, daß Luther mit donnernden Hammerschlägen, deren Widerhall bis nach Rom zu hören war, den Papst, den Kaiser und den Rest der Welt mutig herausgefordert hätte. Denn die Thesen waren nicht eine revolutionäre Kampfschrift, sondern ein gelehrtes, wenngleich polemisch formuliertes Positionspapier, das eigentlich nur im Expertenkreis diskutiert werden sollte. Die Veröffentlichung von Thesen war etwas ganz Alltägliches, das in der Regel nur Theologen zu interessieren pflegte. Wer sollte also ahnen, daß Luthers 95 kritische Anmerkungen zu Gott, Kirche

31. Oktober 1517, ein Eckdatum der europäischen Geschichte. An diesem Tag veröffentlichte Luther seine 95 kritischen Thesen. Ob es sich allerdings so abgespielt hat, wie es auf dieser Federlithographie von 1820 dargestellt ist, darf bezweifelt werden. Die genauen Umstände des „Thesenanschlags“ sind unter Historikern bis heute umstritten.

und Welt, die noch dazu in Latein formuliert waren, das außer einer kleinen Schicht von Gebildeten kein Mensch verstand, ein neues Zeitalter einleiten würden?
Doch das Unerwartete trat ein: Der Text wurde übersetzt, vervielfältigt, überallhin verbreitet und diskutiert. Der Autor selbst war über diese unerwartete Resonanz erstaunt, die sich nur daraus erklären läßt, daß er mit der Ablaßfrage, dem wichtigsten, wenn auch nicht einzigen Inhalt der Thesen, den Nerv der Zeit haargenau getroffen hatte. Später urteilte er: „Die Thesen liefen in vierzehn Tagen durch ganz Deutschland, denn alle Welt klagte über den Ablaß.“ Noch wenige Jahrzehnte zuvor wäre so etwas nicht möglich gewesen, denn die Voraussetzung für die schnelle Verbreitung der Thesen war die Erfindung des Buchdrucks (Gutenbergs Bibeldruck im Jahre 1455). So markiert die Reformation, die sich ohne das Medium des Buchdrucks nicht denken läßt, zugleich den Beginn des Medienzeitalters.
Doch wenden wir uns nun wieder dem historischen Geschehen vom 31. Oktober 1517 zu. Ob Luther seine Ablaß-Thesen nun tatsächlich an diesem Tag mit Hammer und Nagel an die Tür der Schloßkirche angeschlagen hat, die damals gewissermaßen als „Schwarzes Brett“ der Universität diente, oder ob er sie nur verschickt hat, wird sich vermutlich niemals endgültig klären lassen. Und eigentlich ist es ja auch ohne Belang. Die originale Thesentür, sollte es sie denn gegeben haben, wurde jedenfalls während des Siebenjährigen Kriegs durch Brand zerstört. Die heutige, aufwendig als Reformationsdenkmal gestaltete Bronzetür stammt von 1858. In den Türflügeln ist der lateinische Text der Thesen in Gutenbergschen Minuskeln wiedergegeben. Das Gemälde im Tympanon, das der Berliner Maler August Klöber schuf, zeigt Luther mit der Bibel und Melanchthon mit der

Confessio Augustana, den Gekreuzigten anbetend. Im Hintergrund ist die Wittenberger Stadtsilhouette zu sehen.
Rom war zwar weit, aber man schlief dort nicht. Man beobachtete vielmehr sehr genau, was sich da in Wittenberg zusammenbraute und reagierte entsprechend: 1518 wurde Luther von dem mächtigen Kardinal Albrecht von Mainz offiziell in Rom angezeigt. Leo X. kochte, er nannte Luther „ein Kind des Verderbens, einen grimmigen Feind unseres Heils“ und schickte die Dominikaner gegen ihn an die Front. Sie eröffneten ein Verfahren gegen den unbotmäßigen Kritiker. Er sollte nach Rom kommen, um sich vor dem Inquisitionsgericht in einer Art Schauprozeß zu verantworten, dessen Ausgang von vornherein festgestanden hätte. Ketzer, darüber waren sich die hohen geistlichen Herren allesamt einig, gehörten nirgendwo anders hin als auf den Scheiterhaufen. Doch es sollte ganz anders kommen.
Sehen wir uns aber zuvor noch etwas um in jener Stadt, die durch den Thesenanschlag und Luthers langjähriges Wirken zur weltberühmten Hauptstadt der Reformation geworden ist: Auf dem Marktplatz steht ein besonders repräsentatives Lutherdenkmal. Ursprünglich für den Geburts- und Sterbeort Eisleben bestimmt, wurde die Statue auf Befehl des preußischen Königs Friedrich Wilhelm III. (1770–1840) nach Wittenberg gebracht. Sie ist ein Werk des Berliner Bildhauers Gottfried Schadow, der damit das in künstlerischer Hinsicht bedeutendste unter den zahlreichen Lutherdenkmälern des 19. Jahrhunderts schuf. Den neugotischen Baldachin entwarf Karl Friedrich Schinkel. Anläßlich der 300-Jahr-Feier des Thesenanschlags wurde 1817 der Grundstein gelegt, vier Jahre später konnte das Denkmal eingeweiht werden. Das zweite, erst 1865 von Friedrich Drake gefertigte Denkmal, das nur wenig entfernt steht, ist Luthers Weggefährten Philipp Melanchthon gewidmet. Die Konzeption des mit einem Baldachin von Johann Heinrich Straack versehenen Monuments zielt bewußt darauf ab, ein Gegenstück zu dem berühmten Lutherdenkmal zu schaffen und die Gestaltung des Marktes abzurunden.
Das Rathaus ist eines der schönsten städtischen Renaissancebauwerke in Mitteldeutschland. Gebaut wurde es von 1524 bis 1540, also während der Anwesenheit Luthers in Wittenberg. Der Altan über dem Portal sowie die markanten Zwerchgiebel kamen 1573 dazu. Im Zimmer des Bürgermeisters hängen noch heute zwei Porträts der Reformatoren Luther und Melanchthon, die der Cranachwerkstatt entstammen. Lucas Cranach d. Ä., der mit Luther befreundet war und mit seiner Malerei und Grafik die Ziele der Reformation kräftig gefördert hat, amtierte selbst von 1537 bis 1544 als Bürgermeister in diesem Rathaus. Außerdem betrieb er die Stadtapotheke, eine Buchhandlung und vor allem seine florierende Werkstatt, durch die Wittenberg zu einem wichtigen deutschen Kunstzentrum wurde. Zu den schönen Renaissance-Bürgerhäusern, die den Markt säumen, gehört auch Cranachs Geburtshaus (Markt 4). Hinter der Ostseite des Platzes erhebt sich die malerische Doppelturmfront der Stadtkirche St. Marien.

Sobald das Geld im Kasten klingt, die Seele aus dem Fegefeuer springt: Für die römische Kirche war das Geschäft mit der Angst vor den jenseitigen Höllenqualen gewinnbringend, für Luther war es Anlaß zur Klage. Unsere Abbildung zeigt einen Holzschnitt aus dem 16. Jahrhundert mit der Darstellung des Ablaßhandels.

Ganz im Gegensatz zu Magdeburg oder dem reichen Erfurt war Wittenberg, als Luther 1511 von seinem Orden hierher versetzt wurde, eine ziemlich verträumte Stadt mit gerade 2.000 Einwohnern. Doch Wittenbergs Zeit sollte noch kommen. Dank Luthers Wirken wurde die Stadt weltberühmt. Im Hintergrund sind die beiden Türme der Stadtkirche zu sehen.

Die Wittenberger Schloßkirche war der Schauplatz des Thesenanschlags, der zum Ausgangspunkt der Reformation wurde. Hier, wo Luther oft gepredigt hat, befindet sich auch sein Grab. Die Kirche, die ab 1490 als Teil des kurfürstlichen Schlosses von Conrad Pflüger erbaut wurde, fiel 1760 einem Brand zum Opfer. Dem barocken Wiederaufbau folgte im 19. Jahrhundert eine Rekonstruktion des mittelalterlichen Zustandes. Aus dieser Zeit stammt auch der neugotische Turm mit seinem markanten, mit reichem Maßwerk versehenem Helm, der die Kaiserkrone symbolisiert.

Unweit des Wittenberger Marktes steht an der Collegienstraße das bis heute fast unverändert erhaltene gebliebene Wohnhaus von Luthers engstem Mitarbeiter und Freund Philipp Melanchthon. Das in seinen Ausmaßen eher bescheidene Haus wurde 1536 auf Kosten des Kurfürsten und der Universität für den Gelehrten erbaut, der bis dahin unter recht ärmlichen Bedingungen in der unmittelbaren Nachbarschaft gewohnt hatte.

Einen andern Grund kann niemand legen
außer dem, der gelegt ist, welcher ist
JESUS CHRISTUS
A.D.
1547

Lucas Cranach d. Ä. schuf mit seinem 1547 geweihten Altar für die Wittenberger Stadtkirche das bedeutendste Altarwerk der Reformationszeit. Auf den vier Tafeln begegnet uns der illustre Kreis der Wittenberger Reformatoren in biblischen Gewändern. In der mittleren Tafel ist die Einsetzung des Abendmahls dargestellt. Rechts im Vordergrund erkennt man im Kreis der Apostel Luther als Junker Jörg, der Lucas Cranach d. J. den Kelch reicht. Das linke Bild zeigt Melanchthon in der Rolle Johannes des Täufers, auf der rechten Tafel, die der Beichte gewidmet ist, steht Bugenhagen im Zentrum des Geschehens. Die Predella zeigt Luther, der als Prediger auf den gekreuzigten Christus weist.

Luther hat 35 Jahre lang im Gebäude des Wittenberger Augustiner-Eremitenklosters gewohnt. Nach seiner Heirat mit Katharina von Bora im Jahre 1525 wurde das frühere Kloster zum protestantischen Pfarrhaus, zum Ort eines lebendigen Familienlebens und zahlreicher Begegnungen mit Gästen, die von überall her anreisten. Die Lutherstube, die zu den wichtigsten Räumen der 1883 eröffneten „Lutherhalle" gehört, ist ein getäfeltes Zimmer neben dem Saal des ersten Obergeschosses. Glücklicherweise hat sich an diesem Raum, in dem Luther tatsächlich gelebt und gearbeitet hat, bis heute kaum etwas verändert.

Nach Rom muß Luther nun doch nicht kommen. Das weiß sein Landesherr, Kurfürst Friedrich der Weise, der sich für die reformatorischen Gedanken erwärmt, zu verhindern. Der Papst steckt in einer Zwickmühle: Einerseits kann er die Angelegenheit unter keinen Umständen auf sich beruhen lassen, andererseits ist er dem sächsischen Kurfürsten politisch verpflichtet. Nicht nach Rom, sondern nach Augsburg soll Luther 1518 gehen, um sich dort von Cardinal Cajetan verhören zu lassen.

Damals war das im schwäbisch-bayerischen Alpenvorland gelegene Augsburg für Deutschland ungefähr so wichtig wie heute Frankfurt: eine Hochburg des Kapitals, denn hier saßen die Fugger und Welser, die einen ausgedehnten Handel trieben und die Finanzwirtschaft fest im Griff hatten. Augsburg war daher eine prächtige Stadt mit Kirchen, Klöstern und stattlichen Bürgerhäusern. Die Stadt, deren Namen sich ab 1530 mit der grundlegenden Bekenntnisschrift der Lutherischen Kirche, der Confessio Augustana oder dem „Augsburger Bekenntnis" verbinden sollte, hat trotz der Kriegszerstörungen bis heute ein reizvolles altdeutsches Stadtbild bewahrt. Besonders schön sind die Spätrenaissancebauten des Architekten Elias Holl, zu denen das Rathaus, das Zeughaus und einige prachtvolle Patrizierhäuser gehören. Die berühmten Fuggerhäuser waren erst 1515, also drei Jahre vor Luthers unfreiwilligem Augsburg-Besuch, fertiggestellt worden.

Luther kam im Karmeliterkloster St. Anna unter, er wohnte im St.-Annen-Hof, dem Pfarrhaus des Klosters. Das Verhör fand jedoch in dem neuen prunkvollen Haus der Familie Fugger am Weinmarkt statt. Es war eine allererste Adresse, das Beste, was die Stadt damals zu bieten hatte. Im Zweiten Weltkrieg wurde das Haus, in dem auch Kaiser Maximilian während des Reichstags 1518 logiert hatte, vollständig zerstört, später aber nach alten Ansichten wiederaufgebaut. Luther, der mit gemischten Gefühlen gekommen war, zeigte sich von der ganzen Pracht wenig beeindruckt. 1540 erinnerte er sich: „Ich kam zu Cajetan. Man hatte mich instruiert, wie ich mich verhalten sollte. So warf ich mich zuerst zu Boden. Er befahl mir aufzustehen, ich erhob mich. Darauf redete er mich freundlich an: ‚Und du hast Deutschland mit einer Disputation über den Ablaß in Unruhe versetzt? (Denn gegen die übrigen Artikel über Christus und die Rechtfertigung sagte niemand etwas.) Wenn du ein gehorsames Glied der Kirche sein und einen gnädigen Papst haben willst: Widerrufe! Es wird ohne Gefahr für dich sein. Denn ich habe gehört, du seiest ein gelehrter Doktor und hättest viele Schüler.'"

Doch an einem gnädigen Papst war Luther sehr viel weniger gelegen als an dem gnädigen Gott, den er durch sein Bibelstudium gefunden zu haben glaubte. Er widerriefe nicht, es sei denn, er würde „von der Heiligen Schrift" eines Besseren belehrt, sagte er am nächsten Tag. Er ging sogar noch einen entscheidenden Schritt weiter: „Der heilige Vater verfälscht die Schrift", sagte er dem mächtigen Cajetan ins Gesicht, worauf der erregt erwiderte: „Geh weg, entweder widerrufst du, oder du kommst nicht zurück."

Nach diesem Eklat war der Augsburger Boden für Luther heiß geworden. Bei Nacht und Nebel verließ er die Stadt durch ein kleines Tor in der Mauer und kehrte nach Wittenberg zurück.

Für einige Monate schien nun Ruhe eingekehrt zu sein. Um die Spannungen nicht eskalieren zu lassen, bemühte sich der Nuntius am sächsischen Hof, Karl von Miltitz, um einen Ausgleich. Im Januar 1519 bat er Luther zu einem Gespräch nach Altenburg. Die Stadt, die seit 1243 von den Wettinern regiert wurde, hatte damals etwa 1.500 Einwohner, fünf Klöster und mehrere Kirchen. Schon seit dem 10. Jahrhundert erhob sich über der Stadt eine Burg, die um 1100 zur Kaiserpfalz ausgebaut wurde. Auf den Grundmauern dieser alten Burganlage entstanden das heutige, im 16. und 18. Jahrhundert erneuerte Schloß und die Schloßkapelle, in der Luther einige Jahre nach seinem ersten Altenburg-Aufenthalt 1530 predigte. Im Schloß ist neben einem Museum auch das Ratsarchiv untergebracht, in dem eine hebräische Bibel aufbewahrt wird, die Luther angeblich als Grundlage seiner Übersetzung mit auf die Wartburg genommen haben soll. Zu den Sehenswürdigkeiten der Stadt zählt auch die Bartholomäikirche, die anstelle eines romanischen Vorgängerbaus zwischen 1490 und 1510 erbaut wurde.

Als Luther am 3. Januar 1519 in Altenburg eintraf, fand er Quartier im Hause Unter dem Schloß Nr. 1, das dem Domherrn des Georgenstiftes, Luthers späterem Weggefährten Georg Spalatin (1484–1545), gehörte. Von Miltitz hatte ein Gespräch arrangiert, an dem auch der kurfürstliche Rat Fabian von Feilitzsch teilnahm. Die Unterredung, die in unerwartet freundlicher Atmosphäre verlief, führte zu einem geheimen Stillhalteabkommen, in dem sich Luther in dem strittigen Punkt des Ablasses zum Schweigen verpflichtete, solange auch seine Gegner schwiegen.

Das taten sie allerdings nicht. Nach einer heftigen Kontroverse zwischen dem Wittenberger Theologieprofessor Andreas Bodenstein, der Karlstadt genannt wurde, und seinem Ingolstädter Kollegen Johann Eck wurde eine große Disputation vereinbart, bei der nicht nur Karlstadt, sondern auch Luther auf Eck treffen sollte. Ort des mit Spannung erwarteten Wortduells: Leipzig, Zeit: Juli 1519.

Schon 1512 war Luther einmal in Leipzig gewesen, um sich hier die 50 Gulden abzuholen, die ihm Kurfürst Friedrich der Weise zur Begleichung der Promotionsgebühren geschenkt hatte. Im 15. und 16. Jahrhundert war die Stadt, die an der Kreuzung zweier wichtiger Fernhandelsstraßen, der „Hohen Straße" und der „Reichsstraße", lag, zu einem der wichtigsten deutschen Handelsplätze aufgestiegen. Die Messen führten Händler und Kaufleute aus aller Herren

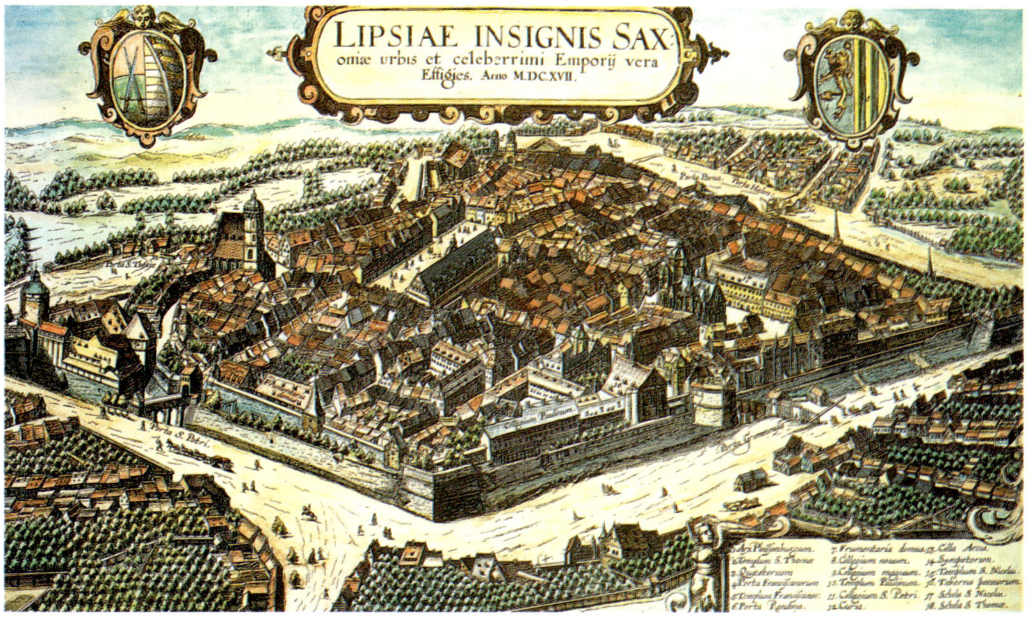

Länder in die Stadt an der Pleiße, in der das wohlhabende Bürgertum den Ton angab. Zu den schönsten Leipziger Bauwerken gehört das Alte Rathaus, das innerhalb von nur wenigen Monaten 1556 durch den Baumeister Hieronymus Lotter, der zugleich Bürgermeister war, errichtet wurde. Dort, im heutigen Stadtmuseum, wird neben frühen Lutherdrucken u. a. auch der Lutherbecher aufbewahrt, den der schwedische König im Jahr 1536 dem Reformator geschenkt hat.

Am 27. Juni 1519 begann die Leipziger Disputation mit einem Festgottesdienst, der in der Thomaskirche stattfand. Die Ursprünge dieses – neben der Nikolaikirche – bedeutendsten Leipziger Sakralbaus reichen bis ins 12. Jahrhundert zurück. Mit der Gründung des Augustiner-Chorherrenstiftes kam Anfang des 13. Jahrhunderts der gotische Chor dazu. Der polygonale Schluß mit der Wölbung stammt aus dem 14. Jahrhundert. Im Lauf der Zeit wurde die Thomaskirche häufig umgebaut. Ihr heutiges Aussehen erhielt sie im wesentlichen durch den von Constantin Lipsius entworfenen Umbau aus den Jahren 1872 bis 1889. Das Lutherfenster und eine Gedenktafel erinnern an das Wirken des Reformators.

Luthers Verhältnis zu Leipzig war nicht problemlos. Nach der Leipziger Disputation (1519), die auf der alten Pleißenburg stattfand, war Luther hier lange Zeit als Prediger persona non grata. Erst 1539, zwanzig Jahre danach, wurde Leipzig evangelisch. Der Kupferstich zeigt eine Ansicht der wohlhabenden Messestadt aus dem frühen 17. Jahrhundert.

Der Austragungsort der Disputation war die Pleißenburg. Die alte Leipziger Burg, die 1550 bis 1567 durch Hieronymus Lotter grundlegend umgebaut wurde, mußte am Ende des 19. Jahrhunderts dem gewaltigen Gebäude des Neuen Rathauses weichen. Nur ein Teil des Burgturmes wurde für den neuen Rathausturm verwendet. Die Leipziger Redeschlacht dauerte insgesamt drei Wochen und dürfte die Geduld manchen Teilnehmers gehörig auf die Probe gestellt haben. In der großen Hofstube, einem repräsentativen Saal, hielten die Vertreter der Streitparteien Tag für Tag stundenlange Reden. An den Feiertagen wurde die Auseinandersetzung auf die Kanzeln der Leipziger Kirchen verlagert, ohne daß sie dadurch an Schärfe und Polemik verlor.

Erst am 4. Juli 1519 trat Luther – anstelle von Karlstadt – selbst ans Rednerpult. Was er dem gespannten Auditorium zu sagen hatte, mußten die Vertreter der päpstlichen Partei als neuen, unerhörten Affront empfinden. Nun ging es dem Aufsässigen nicht mehr um die Frage des Ablasses allein, sondern um grundsätzlichere Dinge. Auch der Papst und die Konzilien könnten irren, sagte Luther, der nun keine andere Autorität mehr gelten lassen wollte als die Bibel allein.

Ein Augenzeuge, der Leipziger Humanist Petrus Mosellanus, schrieb folgenden anschaulichen Bericht über die Leipziger Disputation, die für Luther zum endgültigen Bruch mit der Lehre der römischen Kirche geführt hatte: „Martin hat eine mittelgroße Statur, einen mageren, von Sorgen und Arbeit erschöpften Körper, daß man fast die Knochen durch die Haut zählen kann. Man kann sich kaum vorstellen, daß der Mann wichtige Dinge ohne Gott vornimmt. Aber einen Fehler tadeln alle an ihm: Er ist, wenn er jemanden zurechtweist, etwas zu unverschämt und bissig, mehr als jemand, der als Theologe einen neuen Weg geht und ein Gottesgelehrter ist, sein sollte . . ."

Luthers Verhältnis zu Leipzig war zwiespältig. Der Reformator wußte wohl das gute Leipziger Bier zu schätzen, das er sich bei seinen Besuchen im Thüringer Hof (Burgstraße 19–23) servieren ließ. Dort hängt noch heute die Kopie eines Lutherbriefs von 1515, in dem er Spalatin mitteilt, daß er von dem Besitzer des Gasthauses testamentarisch hundert Gulden vermacht bekommen habe. Nach der Disputation waren ihm jedoch Leipzigs Kanzeln versperrt. Das „Predigtverbot" endete erst am 24. / 25. Mai 1539. An diesen beiden Tagen führte Luther zunächst auf der Pleißenburg und anschließend in der Thomaskirche die Reformation ein – ein später Triumph. Jahre zuvor hatte er prophezeit, daß er es noch erleben werde, wieder in Leipzig zu predigen. Seine letzte Leipziger Predigt hielt er im August 1545, ein halbes Jahr vor seinem Tod, in der Universitätskirche St. Pauli.

Diese bedeutende gotische Hallenkirche, in der auch der Ablaßhändler und erbitterte Luthergegner Tetzel bestattet worden war, blieb im Zweiten Weltkrieg als einziges Gebäude am Augustusplatz von den Bomben verschont. Am 30. Mai 1968 wurde sie, ungeachtet des Protestes vieler Leipziger, auf Anweisung der SED in die Luft gesprengt, um dem gesichtslosen Neubau des Universitätshauptgebäudes Platz zu machen.

Die Pracht und der Reichtum Augsburgs dürften Luther im Jahre 1518 kaum beeindruckt haben. Schließlich kam er unfreiwillig und mit sehr gemischten Gefühlen. Vor dem mächtigen Kardinal Cajetan sollte er seine Lehre widerrufen. Als er sich weigerte, geriet der Kardinal außer sich und drohte dem Mönch ganz unverhohlen mit den Worten „entweder widerrufst du, oder du kommst nicht zurück". Luther beeilte sich, die Stadt zu verlassen. Daß sich ihr Name später mit dem wichtigsten protestantischen Bekenntnis – der Confessio Augustana – verbinden würde, hätte ihn gewiß getröstet. Aber das konnte er damals natürlich noch nicht ahnen. Die abgebildete Stadtpfarrkirche St. Ulrich und Afra wird von katholischen und evangelischen Gläubigen genutzt.

Das im schwäbisch-bayrischen Alpenvorland gelegene Augsburg war zu Luthers Zeit für Deutschland etwa so wichtig wie heute Frankfurt: eine Hochburg des Geldes. Hier saßen die Fugger, von denen sich sogar die Päpste gelegentlich Geld leihen mußten. Die Fuggerei, ein kleiner Stadtteil mit 53 Doppelhäusern, wurde 1519 für mittellose Bürger erbaut – ein früher Vorläufer des sozialen Wohnungsbaus.

Als Luther im Januar 1519 vom päpstlichen Nuntius Karl von Miltitz zu einem inoffiziellen Treffen nach Altenburg gebeten wurde, konnte er das schöne Renaissancerathaus noch nicht sehen. Es entstand erst reichlich vierzig Jahre danach. Wahrscheinlich hätte er auch kein Auge dafür gehabt, schließlich ging es bei dem beinahe konspirativen Treffen um existentielle Fragen. Von Miltitz hatte, um die Wogen im Streitfall Luther zu glätten, eine Art Stillhalteabkommen angeboten, das aber – wie sich schon bald zeigen sollte – das Papier, auf dem es notiert gewesen sein mag, kaum wert war. Mit Diplomatie ließ sich der Konflikt längst nicht mehr lösen.

RATSKELLER

Seit 1243 wurde Altenburg von den Wettinern regiert. Das Schloß, das sich über der Stadt erhebt, entstand auf den Grundmauern einer alten Kaiserpfalz vom 16. bis zum 18. Jahrhundert. Die Schloßkapelle mit ihrem kunstvoll verschlungenen spätgotischen Gewölbe bekam später eine kostbare Barockausstattung. 1530, einige Jahre nach seinem ersten Altenburgaufenthalt, hat Luther hier gepredigt.

JOHANN
SEBASTIAN
BACH

Durch die Leipziger Disputation, die 1519 in der alten Pleißenburg stattfand, ist die Messestadt zu einem der wichtigsten Schauplätze der Reformation geworden. In der Thomaskirche, deren Ursprünge bis in die Mitte des 12. Jahrhunderts zurückreichen, hielt Luther 1539 den ersten evangelischen Gottesdienst und führte damit in Leipzig die Reformation ein. Der gotische Altar stammt aus der Universitätskirche, die 1968 aus ideologischen Gründen von der SED zerstört wurde. Luther hatte dort im August 1545 seine letzte Leipziger Predigt gehalten. Neben Luther verbindet sich die Thomaskirche heute vor allem mit dem Namen Johann Sebastian Bach, dessen schlichtes Grab sich im Chor befindet.

Das Jahr 1520 gehörte zu den entscheidendsten im bewegten Leben Martin Luthers. In relativ kurzer Zeit hatte er seine vier reformatorischen Hauptschriften („An den christlichen Adel deutscher Nation, von des christlichen Standes Besserung", „Von der babylonischen Gefangenschaft der Kirche", „Von der Freiheit eines Christenmenschen" und „Sermon von den guten Werken") verfaßt, in denen er die Mißstände der Kirche schonungslos aufzeigte.
Zur gleichen Zeit waren die Juristen der Kurie fieberhaft damit befaßt, den Ketzerprozeß gegen den unbotmäßigen Mönch und Theologieprofessor voranzutreiben. Im Oktober 1520 wurde Luther die päpstliche Bannandrohungsbulle „Exsurge Domini" zugestellt, die er am 10. Dezember in Anwesenheit von Studenten und Professoren der Universität bei der Kreuzkapelle am Schindanger außerhalb Wittenbergs öffentlich verbrannte. Im fernen Rom hatte man diese Provokation sehr wohl verstanden und entsprechend reagiert. Luther wurde nun von Kaiser Karl V. (1500–1558, Kaiser seit 1520) zum Reichstag nach Worms zitiert, wo er seine Lehren öffentlich widerrufen sollte.
In der offiziellen Vorladung ist zwar von des Kaisers und des Reiches „freier, unmittelbarer Sicherheit und Geleit" die Rede, aber was konnte man auf solche Zusicherungen schon geben? Schließlich war dem böhmischen Vorreformator Jan Hus seinerzeit auch freies Geleit zugesichert worden, und dann hatte man ihn 1415 in Konstanz auf dem Scheiterhaufen verbrannt. Wem konnte man schon trauen?
Schließlich war Luther geächtet und gebannt und hätte – wenn es nach dem Buchstaben des Gesetzes gegangen wäre – unverzüglich als Ketzer exekutiert werden müssen. Nach dem Willen des Kaisers und des päpstlichen Nuntius Aleander, der Luther – zu Recht – für besonders gefährlich hielt, wäre das auch längst geschehen. Doch diese Rechnung konnte nicht ohne den Wirt aufgehen, und der war in Sachsen niemand anderes als Friedrich der Weise. Dessen Macht und Einfluß waren für Luther die einzige Garantie, daß man sich an das gegebene Wort auch tatsächlich halten würde. So reiste der Reformator mit berechtigterweise unguten Vorahnungen nach Worms. Spalatin, sein enger Vertrauter, fragte ihn per Brief unverblümt, ob er denn verrückt geworden sei, sich auf ein derartiges Unternehmen einzulassen.
Obwohl Luther sicher ein mutiger Mann war, hatte er genügend Phantasie, um sich die Gefahren auszumalen, die ihm in Worms drohten. Nachdem er sich aber in Begleitung von einigen Freunden auf den Weg gemacht hatte, konnte er feststellen, wie viele Menschen hinter ihm und seiner Lehre standen. Die Reise wurde zu einem regelrechten Triumphzug. Überall jubelte man ihm zu. Schon damals war Luther eine der bekanntesten Persönlichkeiten in Deutschland. Wie er selbst seine Situation in diesen Tagen einschätzte, geht aus einer Tischrede hervor, in der er Jahre später über seine Reise nach Worms berichtet hat:
„Als ich nun gegen Erfurt kam, da kamen mir Botschaften, wie ich zu Worms wäre verdammt worden, ja in allen Städten war daselbst hinaus öffentlich angeschlagen wider mich, daß mich auch der Herold fragte, ob ich noch gedachte, gen Worms zu ziehen. Ich zitterte zwar, antwortete aber doch: ‚Ich will hineinziehen, wenn gleich alle Teufel darinnen wären!' Ich zog in aller Einfalt vorwärts, und als ich Worms sah, schrieb ich gleich an Spalatin, daß ich käme und fragte ihn um ein Quartier. Da wunderten sich alle, daß ich wider Erwarten kam. Denn sie hatten gemeint, ich würde außen bleiben, durch Schrecken und Arglist abgehalten . . ."
Werfen wir zwischendurch einen Blick auf Worms, das Ziel dieser Reise mit ungewissem Ausgang: Die Stadt am Rhein war zu Luthers Zeit eine der wichtigsten Städte in Deutschland mit mächtigen Befestigungsanlagen, zahlreichen Kirchen, Klöstern und stattlichen Patrizierhäusern, die vom Reichtum ihrer Besitzer kündeten. Seit Karl dem Großen wurden in Worms Reichstage und Reichsversammlungen abgehalten. Die Krönung des Stadtbildes bildet noch heute der Dom St. Peter und Paul, der als eines der Hauptwerke der deutschen Romanik gilt. Die um die Mitte des 12. Jahrhunderts begonnene doppelchörige Basilika mit östlichem Querschiff dürfte im frühen 13. Jahrhundert vollendet gewesen sein. Während sich der Kaiser und die Fürsten im Laufe des Reichstages hier oft zu feierlichen Gottesdiensten versammelten, war Luther, dem vom Reich Gebannten, der Zutritt verwehrt.
Heute ist Luther in der Stadt unübersehbar präsent. Hier befindet sich Deutschlands bekanntestes Lutherdenkmal, das allerdings nicht nur an ihn, sondern an die Reformation überhaupt erinnert. In der Mitte der quadratischen Denkmalsanlage steht auf einem Podest die drei Meter hohe Figur des Reformators, am Sockel sitzen die vier vorreformatorischen Kämpfer Girolamo Savonarola (1452– 1498, verbrannt), Jan Hus (um 1370– 1415, verbrannt), John Wiclif (um 1320–1384) und Petrus Waldes (? – zwischen 1184 und 1218). An den Seiten sieht man den Kurfürsten Friedrich den Weisen von Sachsen, den Landgrafen Philipp von Hessen (der Großmütige, 1504– 1567), dahinter Melanchthon und Johannes Reuchlin (1455–1522). In einem umfangreichen Bildprogramm hat der Dresdner Bildhauer Ernst Rietschel Ende des 19. Jahrhunderts zahlreiche Persönlichkeiten, Orte und Szenen der Reformationsgeschichte zu einem eindrucksvollen Ensemble vereint.

Als Luther am 16. April 1521 Worms schließlich erreichte, war die ganze Stadt auf den Beinen, um den prominenten Gast zu sehen. Der päpstliche Nuntius Hieronymus Aleander notierte sichtlich verstimmt:
„Soeben entnahm ich aus verschiedenen Meldungen sowie aus dem hastigen Rennen des Volkes, daß der große Ketzermeister seinen Einzug hielt. Ich schickte einen meiner Leute aus, der mir berichtete, daß ihm gegen die hundert Reisige, vermutlich die Sickingens, bis an das Stadttor das Geleit gaben: mit drei Genossen in einem Wagen sitzend, zog er (11 Uhr vormittags) in die Stadt ein, umgeben etwa von acht Berittenen, und er nahm seine Herberge in der Nähe seines sächsischen Fürsten (im Hause der Johanniterritter); beim Verlassen des Wagens schloß ihn ein Priester in die Arme, rührte dreimal sein Gewand an und berühmte sich im Weggehen, als hätte er eine Reliquie des größten Heiligen in Händen gehabt; ich vermute, es wird bald von ihm heißem, er tue Wunder."

Tizians Porträt Karls V. von 1548 in der Alten Pinakothek in München. Als sich der Kaiser auf dem Wormser Reichstag mit dem Problem „Luther" befassen mußte, war er gerade 21 Jahre alt. Karl war Burgunder, er sprach Französisch; Deutsch verstand er nicht einmal und die deutschen Probleme dürften ihm eher fremd gewesen sein.

Die Leitung des Reichstages lag in den Händen des erst 21 Jahre alten deutschen Kaisers Karl V., dem die ganze Affäre um Luther herzlich zuwider war, denn eigentlich hatte er ganz andere Sorgen. Karl war Burgunder, er herrschte über Spanien, dessen überseeische Besitzungen, über die Niederlande und Deutschland. Er sprach Französisch, Deutsch verstand er nicht einmal. Die deutschen Probleme dürften ihm ziemlich fremd gewesen sein.
Die Machtbalance im Reich ließ sich ohnehin schwer genug erhalten, gab es doch zahllose divergierende Interessen der Städte, der weltlichen und geistlichen Fürsten. Der Wormser Reichstag war alles andere als eine rein protokollarische Veranstaltung. Er war vielmehr eine gigantische internationale Gipfelkonferenz, an der sechs Kurfürsten, 24 Herzöge, 7 Markgrafen, 30 Bischöfe und zahlreiche Ritter und Gesandte der Reichsstädte beteiligt waren.
Vor und hinter den Kulissen wurde um Vorteile, Macht und Einfluß gefeilscht. Dabei war das Reich zerrüttet, die Kassen leer und die Macht des Kaisers begrenzt. Erst vor einem Jahr hatten ihn die deutschen Kurfürsten zum Kaiser gewählt, allerdings nicht ohne sich vorher garantieren zu lassen, daß deutsche Angelegenheiten ausschließlich auf deutschem Boden verhandelt würden. Vor allem deshalb mußte sich Karl nun in Worms mit Luther befassen.
So triumphal Luthers Einzug in Worms auch gewesen war, so gefährlich war seine Situation. Was man von ihm erwartete, war klar: Er sollte widerrufen. Er sah sich jedoch außerstande, „etwas gegen das Gewissen zu tun". Am Ende seiner Verteidigungsrede sagt er: „Wenn ich nicht mit Zeugnissen der Schrift oder mit offenbaren Vernunftsgründen besiegt werde, so bleibt mein Gewissen gefangen in Gottes Wort. Denn ich glaube weder den Konzilien allein noch dem Papst, weil es offenkundig ist, daß sie öfter geirrt und sich selbst widersprochen haben..."
Legendär wurden seine Worte, mit denen er den geforderten Widerruf verweigerte: „Hier stehe ich, ich kann nicht anders. Gott helfe mir. Amen!"

Für den Kaiser war die Angelegenheit nun klar. Er hob die Sitzung auf. Auf diese Rede konnte er nur eine Antwort geben: die Reichsacht. Am Ende des Reichstages wurde das „Wormser Edikt" verkündet, in dem es, an „alle und jeden" gewandt, heißt, „daß ihr (...) den vorgenannten Martin Luther nicht behauset, beherberget, speist, tränket noch unterhaltet, noch ihm mit Worten oder Werken heimlich oder öffentlich keinerlei Hilfe, Anhang, Beistand noch Vorschub beweiset, sondern, wo ihr ihn alsdann ankommen und betreten seht und des mächtig seid, ihn gefangen nehmet und uns wohlbewahrt zusendet oder das zu tun bestellt oder uns das, so er zu Handen bracht wird, unverzüglich verkündet und anzeiget und ihn dazwischen so gefangen behaltet, bis euch von uns Bescheid, was ihr ferner nach Recht und Ordnung gegen ihn handeln sollet..."

Luthers standhafte Haltung auf dem Reichstag zu Worms ist zu allen Zeiten bewundert, mitunter auch verklärt worden. Der unbotmäßige Mönch kannte die Gefahren, die ihm während des Reichstages drohten, nur zu gut. Der kolorierte Stich entstand im 19. Jahrhundert.

Ich will hineinziehen, wenn gleich alle Teufel darinnen wären", hatte Luther gesagt, bevor er am 16. April 1521 die alte Reichsstadt Worms erreichte. Der Weg zum Reichstag, vor dem er seine Lehre öffentlich widerrufen sollte, war für den Reformator äußerst gefahrvoll. Allen Drohungen zum Trotz, blieb sich Luther treu. „Hier stehe ich, ich kann nicht anders. Gott helfe mir", sind die legendären Worte, mit denen der Reformator seine Haltung begründete. Stolz erheben sich die Türme des mächtigen Doms St. Peter und Paul als Krönung des Wormser Stadtbildes. Der Dom gilt als ein Hauptwerk der deutschen Romanik.

Der barocke Hochaltar im Chor des Wormser Domes stammt von Balthasar Neumann. Während des Reichstages war das Gotteshaus mit seiner damals noch mittelalterlichen Ausstattung monatelang Stätte festlicher Messen, an denen der Kaiser und die Fürsten teilnahmen. Luther dürfte dagegen das großartige Bauwerk kaum betreten haben. Als Gebanntem war ihm der Zutritt wahrscheinlich verwehrt.

Schon bevor das Edikt unterzeichnet worden war, hatte Luther am 25. April 1521 vom Kaiser den Befehl zur Abreise erhalten. Er reiste über Hersfeld und Eisenach in das Heimatdorf seiner Eltern, nach Möhra, wo er am 4. Mai unter freiem Himmel einen Gottesdienst hielt. In das, was nun geschehen sollte, war nur ein kleiner Kreis von Vertrauten eingeweiht.

Luthers Landesherr, der sächsische Kurfürst Friedrich der Weise, hatte nämlich beschlossen, Luther mit einer abenteuerlichen Aktion aus der Schußlinie zu holen. Noch am 4. Mai war Luther mit einigen Freunden in Möhra aufgebrochen, um in Richtung Gotha weiterzureisen. Mit Entsetzen verfolgten Verwandte aus Möhra, die Luther noch ein Stück begleitet hatten, wie „aus dem Wald bei einer wüsten Kirche, Glasbach genannt, fünf Reisige gekommen und Martin aus dem Wagen gerissen“ hatten. Der arme Mensch habe neben den Pferden herlaufen müssen, und was weiter aus ihm geworden wäre, könnten sie nicht sagen. Es sei jedoch mit dem Schlimmsten zu rechnen. Auch Luthers Begleiter, Nikolaus von Amsdorf und Johannes Petzensteiner, wurden von dem Überfall überrascht. Sie flohen und verbreiteten die Nachricht von der „verbrecherischen“ Entführung, die bald in ganz Deutschland die Runde machte. 1857 wurde im sogenannten Luthergrund bei Liebenstein, drei Kilometer von Schloß Altenstein entfernt, ein Denkmal aufgestellt, das an die „Gefangennahme“ erinnert. Die neugotische Fiale trägt die Inschrift: „Hier wurde D. Martin Luther am 4. Mai 1521 auf Befehl Friedrichs des Weisen Kurfürsten von Sachsen aufgehoben und nach Schloß Wartburg geführet.“

Nur 13 Tage nach dem Überfall notierte Albrecht Dürer in sein Tagebuch: „Alsbald waren 10 Pferd do, die führten verräterlich den verkauften frommen, mit dem heiligen Geist erleuchteten Mann hinweg, der do war ein Nachfolger Christi und des wahren Glaubens. Und lebt er noch oder haben sie ihn gemördert, das ich nit weiß . . . O Gott, ist Luther tot, wer wird hinfürt das heilige Evangelium so klar fürtragen! Ach Gott, was hätte er uns noch in 10 oder 20 Jahren schreiben mögen.“

Dürers Klage war jedoch unbegründet, denn Luther, den man schon in Worms von dem fingierten Kidnapping in Kenntnis gesetzt hatte, erfreute sich bester Gesundheit. Gegen 23 Uhr traf er auf der südlich von Eisenach oberhalb eines dichten Waldes gelegenen Wartburg ein, wo er vom Amtmann Hans von Berlepsch freundlich empfangen wurde. Luther schlüpfte in neue Kleider, und damit war aus dem Mönch ein Adliger geworden, der während seines Burgaufenthalts Junker Jörg genannt wurde.

Die Wartburg, auf der er sich nun bis zum 1. März 1522 aufhalten mußte, ist eine sagenumwobene Burg, die angeblich 1067 von Ludwig dem Springer gegründet worden sein soll. Sie war der Hauptsitz der Ludowinger, die bis 1247 als Landgrafen über Thüringen herrschten. Neben Luthers Aufenthalt waren es vor allem zwei denkwürdige Ereignisse, die die Wartburg zu Deutschlands berühmtester Burg gemacht haben: Im Jahre 1206 soll hier der berühmte Sängerwettstreit stattgefunden haben, der Richard Wagner zu seiner Oper „Tannhäuser“ angeregt hat. Moritz von Schwind, der in der zweiten Hälfte des 19. Jahrhunderts einige Räume der Burg ausschmückte, hat den Sängerkrieg auf einem großen Fresko dargestellt. Aus der Zeit, in der Walther von der Vogelweide, Wolfram von Eschenbach und Heinrich von Veldeke hier ein- und ausgingen, stammt auch der Palast, der als eines der bedeutendsten Zeugnisse der staufischen Architektur gilt.

Knapp 300 Jahre nach Luthers Anwesenheit trafen sich am 18. und 19. Oktober 1817 500 studentische Burschenschaftler auf der Wartburg, um für die Abschaffung der Kleinstaaterei und die Gewährung bürgerlicher Freiheiten einzutreten.

So mittelalterlich die Wartburg heute auch anmutet, als Luther hierherkam, hatte sie ein anderes Aussehen. Die Anlage, die mit drei Türmen bewehrt war und von einem mächtigen romanischen Bergfried überragt wurde, gruppierte sich um zwei Höfe. Luther betrat die Burg über eine hölzerne Zugbrücke, die wegen Baufälligkeit im Jahre 1778 durch eine Steinbrücke ersetzt wurde. Er fand in der Vogtei der Vorburg Quartier, sein Wohnraum, der bis heute weitgehend original erhalten blieb, wird als „Lutherstube“ bezeichnet.

Ihre heutige Gestalt erhielt die Burg erst Ende des 19. Jahrhunderts. Nach einer umfassenden Restaurierung Anfang der 80er Jahre präsentiert sie sich heute in hervorragendem Zustand. Im Vorraum,

Deckname: Junker Jörg. Als Luther auf die Wartburg kam, erhielt er eine neue Identität und mußte die Mönchskutte mit der Kleidung eines Adeligen vertauschen. Die ungewohnt reichhaltige Verpflegung bereitete dem an die kärgliche Kost seines asketischen Ordens gewöhnten Mönch Probleme. Später hat er sich aber offenbar, wie sein Leibesumfang leicht erkennen läßt, daran gewöhnt.

Das Newe Testament Deutzsch.

Vuittemberg.

der im 19. Jahrhundert mit Wappen und Wandsprüchen ausgeschmückt wurde, kann man folgenden Spruch lesen: „Hier ist's, wo Luther einst, der große deutsche Mann, als er zu Worms entging den drohenden Gefahren, den Schutzort fand, entführt, um vor des Papstes Bann und vor des Kaisers Zorn ihn sicher zu bewahren. ... Die Wohnung war zwar schlecht, betrachtet das Gemach, doch hat es Werth durch ihn, betracht' es, Freund, mit Freuden."

Der erzwungene Aufenthalt, die ungewohnt reichhaltige und schwere Kost, vor allem aber das Gefühl, nicht in den Lauf der Ereignisse eingreifen zu können, setzten Luther stark zu. Er schrieb: „Das Übel, an dem ich in Worms litt, hat mich noch nicht verlassen, es hat sogar zugenommen. Ich leide an furchtbar hartem Stuhlgang, wie noch nie in meinem Leben und verzweifle an der Heilung. So sucht der Herr mich heim, damit ich nicht ohne Kreuzesreliquien bin. Er sei gelobt,Amen."

„Das Neue Testament Deutsch" – Titelblatt der ersten Ausgabe der Lutherbibel, die zunächst noch auf das Neue Testament beschränkt blieb. Sie erschien im September 1522 und wird „Septembertestament" genannt.

Doch er blieb nicht untätig. In seiner stillen Stube übersetzte er das Neue Testament innerhalb von wenigen Monaten aus dem griechischen Original ins Deutsche; in volkstümlichem und bilderreichem Stil, den jedermann verstehen konnte. Damit leistete er einen wesentlichen Beitrag zur Herausbildung der neuhochdeutschen Schriftsprache.

Um die „Lutherstube", deren heutige Ausstattung zum großen Teil aus späteren Jahrhunderten stammt, rankt sich manche Legende. So soll Luther den Teufel, der ihm hier leibhaftig erschienen sei, durch einen gutgezielten Wurf mit dem Tintenfaß verscheucht haben. An der Kaminseite befand sich noch bis zu Beginn dieses Jahrhunderts ein Tintenfleck, der – so grotesk es auch anmutet –, von reliquiensüchtigen Lutherverehrern oft abgekratzt, immer wieder erneuert werden mußte. Die Anekdote bezieht sich auf einen, allerdings umstrittenen, Ausspruch Luthers in den Tischreden, nachdem er „den Teufel mit Tinte vertrieben" habe, was aber doch wohl im übertragenen Sinne zu verstehen ist. So volkstümlich diese Geschichte auch sein mag, die persönliche Existenz des Teufels stand für Luther – wie für alle Menschen des Mittelalters – außer Frage.

Während Luther auf der Wartburg sitzt, verkompliziert sich die Lage in Wittenberg immer mehr. Karlstadt wettert gegen die Bilder in der Kirche. „Das ist Teufelswerk! Betet zu Gott und nicht zu Heiligenbildern!" sagt er, und das Volk wird unruhig. Am 3. Dezember 1522 stürmen Wittenberger Studenten die Stadtkirche, reißen die Bilder von den Altären und schlagen sie kurz und klein. Schon einen Tag später ist Luther zur Stelle, heimlich und ohne Erlaubnis des Kurfürsten. Er versucht, die Lage zu beruhigen, doch dafür bleibt ihm keine Zeit. Er muß zurück auf die Wartburg. „Hütet euch vor Aufruhr und Empörung", schreibt er, „die meine Lehre recht lesen und verstehen, die machen nicht Aufruhr. Die haben's nicht von mir gelernt."

Doch niemand hört darauf. Ohnmächtig muß Luther hören, daß in Wittenberg „Schwärmer" aufgetaucht sind, die die Lage anheizen. Der Rat der Stadt ruft Luther zurück, doch der Kurfürst ist dagegen. „Luther ist in Acht und Bann, ich kann ihn nicht schützen", sagt er, doch Luther läßt sich nun nicht länger halten. Er vertauscht das ritterliche Gewand gegen die vertraute Mönchskutte, läßt sich wieder eine Tonsur schneiden und predigt in der ersten Woche der Passionszeit 1522 acht Tage hintereinander den Wittenbergern ins Gewissen:

„Laßt euch nicht irremachen", ruft er den Leuten von der Kanzel der Stadtkirche zu, „Nicht mit Gewalt! Allein durch das Wort" könne die Reformation vorangetrieben werden. Man hört auf ihn, und nach den „Invokavitpredigten" ist die Ruhe wiederhergestellt. Doch Luthers Rolle hat sich gewandelt, aus dem Rebellen ist ein Mann geworden, der darauf achten muß, daß die Bewegung, die er ausgelöst hat, nicht in unkontrollierbare Bahnen gerät.

Mit der Übersetzung der Bibel erwies sich Luther als genialer Sprachschöpfer. Die Radierung von Gustav König entstand Mitte des 19. Jahrhunderts. Sie zeigt Luther bei der Übersetzung des Neuen Testaments.

Die Wartburg, Deutschlands berühmteste Burg, ist geschichtsträchtig und sagenumwoben. Ludwig der Springer, der Ahnherr der Thüringer Landgrafen, soll sie 1067 errichtet haben. Ein Teil der romanischen Anlage blieb noch erhalten. Im Pallas, der Ende des 12. Jahrhunderts entstand, hat – glaubt man der Sage – der berühmte Sängerkrieg stattgefunden. Als Luther im Mai 1521 auf der Burg eintraf, hatte sie ihre militärische Bedeutung schon verloren.

Ein feste Burg ist unser Gott, ein gute Wehr und Waffen." Für den Verfasser dieses berühmten Choralverses war die Wartburg seine „feste Burg". Hinter den dicken Mauern der thüringischen Festung, die unter nächtlicher Beleuchtung ein besonders malerisches Bild bietet, fand Luther Zuflucht vor seinen Verfolgern. So mittelalterlich die Burg auch anmutet, ihr heutiges Aussehen erhielt sie erst nach umfangreichen Restaurierungs- und Umbauarbeiten Ende des 19. Jahrhunderts.

Unter dem Decknamen „Junker Jörg“ lebte Luther vom 4. Mai 1521 bis zum 1. März 1522 auf der Wartburg. Er bewohnte den südlichsten Raum der Kavaliergefängnisse, der heute als Lutherstube bezeichnet wird und seinen Charakter aus dem 16. Jahrhundert bewahrt hat. Hier übersetzte er das Neue Testament aus dem griechischen Original ins Deutsche. Eingeritzte Namenszüge belegen, daß die Lutherstube schon im 16. Jahrhundert von „Reformations-Touristen“ besucht wurde. Daran hat sich bis heute nichts geändert.

Luther mußte nun einiges tun, um auch weiterhin Herr der Lage zu bleiben. Vor allem die Zustände in Zwickau bereiteten ihm Sorgen. Die Stadt, die durch die erzgebirgischen Silberfunde und die einheimische Wolltuchherstellung reich geworden war, hatte in der ersten Hälfte des 16. Jahrhunderts bereits 7.000 Einwohner, davon 250 Tuchmachermeister, die an der Spitze des städtischen Bürgertums standen. Bei den Zwickauer Bürgern hatte das reformatorische Gedankengut schnell Anklang gefunden. Nach Wittenberg war Zwickau 1518 die zweite Stadt, in der evangelisch gepredigt wurde. Luther selbst hatte den damals noch völlig unbekannten Thomas Münzer (1489? – enthauptet 1525) in Zwickau als Prediger empfohlen. Im Mai 1520 trat Münzer sein Amt an der Marienkirche an.

Dieser bedeutende spätgotische Sakralbau entstand von 1453 bis 1565. Die zahlreichen Sandsteinplastiken am Außenbau kamen allerdings erst Ende des 19. Jahrhunderts hinzu. Neben einem Bergkristallkruzifix von 1480 und einer Pietà von Peter Breuer gehört der spätgotische Wandelaltar zu den bedeutendsten Schätzen der reich ausgestatteten Kirche. Er entstand 1479 in der Werkstatt des Nürnbergers Michael Wolgemut, die Schreinfiguren werden Veit Stoß zugeschrieben.

Zunächst beschränkte sich Münzer auf eine scharfe Kritik an der Römischen Amtskirche, doch seine Predigten wurden immer radikaler und sozialkritischer. Gemeinsam mit dem Laienprediger Nikolaus Storch (?–1525, oder nach 1536), der die obrigkeitsfeindliche Gruppe der „Zwickauer Propheten“ anführte, wich er weit von der lutherschen Lehre ab und mußte die Stadt 1521 wieder verlassen. Da aber auch danach noch keine Ruhe herrschte, bat der Bürgermeister Mühlepfort aus Zwickau in Wittenberg um Unterstützung. Luther kam dieser Bitte im Rahmen einer Visitationsreise nach und traf am 28. April 1522 in Zwickau ein. Zwei Tage später predigte er in der Marienkirche. Seine Anwesenheit hatte sich schnell herumgesprochen, und schon bald reichte der Platz nicht mehr aus. Deshalb hielt Luther am 1. Mai vor einer unüberschaubaren Menschenmenge eine weitere Predigt von einem Fenster des Rathauses aus. Damit gelang es ihm, die Unruhen beizulegen und die Reformation in friedliche Bahnen zu leiten.

Der Theologe Thomas Münzer (1490–1525) war ursprünglich ein Anhänger Luthers. Münzers mystisch geprägte Theologie wurde jedoch immer radikaler und sozialkritischer, was zum offenen Bruch mit Luther führte. Als Anführer der aufständischen Bauern wurde Münzer nach der Schlacht bei Frankenhausen am 15. Mai 1525 gefangengenommen und später enthauptet.

Das Rathaus ist ein Bau aus dem frühen 15. Jahrhundert, dessen neugotische Fassade jedoch erst 1862 entstand. Zu den wichtigsten Bauwerken der Stadt zählt auch die Katharinenkirche, eine dreischiffige Hallenkirche, deren Ursprünge auf ein im 13. Jahrhundert erbautes Benediktinerinnenkloster zurückgehen. In dem spätgotisch umgestalteten Bauwerk befindet sich ein Altar aus der Cranachwerkstatt mit den Bildnissen Friedrichs des Weisen und Johanns des Beständigen.

Nicht immer war der wortgewaltige Reformator so erfolgreich wie in Zwickau. Wie auch in anderen, vom thüringischen Bauernaufstand erfaßten Städten fand er in Stolberg kaum Gehör. Das in einem idyllischen Harztal gelegene Fachwerkstädtchen hat sich bis heute kaum verändert. Anfang des 16. Jahrhunderts lebten hier etwa 2.500 Einwohner, vor allem Bauern, Bürger und Bergknappen, die unter den drückenden sozialen Lasten zu leiden hatten. Es gab aber auch reiche Patrizier, 24 Geistliche, und hoch über der Stadt residierte in einem prächtigen Renaissanceschloß das Geschlecht der Grafen zu Stolberg. In Stolberg war auch Luthers Gegenspieler Thomas Münzer geboren worden, an den ein Denkmal vor dem hübschen Renaissancerathaus erinnert.

Als die Unruhen Anfang 1525 auch auf Stolberg übergriffen, richtete der Graf einen Hilferuf an Luther. Dieser machte sich sofort auf den Weg und traf am 20. April in Stolberg ein. Am Tag darauf predigte er in der spätgotischen St. Martinikirche. Das Reich Gottes sei ein Friedensreich, das man nicht mit Gewalt aufbauen könne, bekamen die Stolberger zu hören. Vor allem sei man der Obrigkeit Ehre und Gehorsam schuldig. Zumindest in diesem Punkt war man in Stolberg ganz anderer Meinung. Am 2. Mai, nur wenige Tage nach Luthers Abreise, stürmten die Armen der Stadt das Schloß. Luthers Gastgeber, der gräfliche Kanzler Wilhelm Reifenstein, mußte Hals über Kopf nach Wernigerode fliehen.

Obwohl Luther sein Ziel in Stolberg nicht erreichte, hatte er einen Blick für die Schönheit der kleinen Stadt. Ober-

halb des Ortes befindet sich an der Lutherbuche eine Gedenktafel mit folgendem Text: „Als Anno 1525 freitags nach Ostern Luther Stolberg besuchte und mit seinem Freunde Reifenstein auf diesen Berg spazierte, verglich Er die Stadt Stolberg gar füglich einem Vogel. Das Schloß, meinte Er, wäre der Kopf, der Markt der Rumpf, die beiden Gassen die Flügel, die Niedergasse der Schwanz."

Lithographie nach dem Gemälde „Bauern und Landsknechte im 16. Jahrhundert" von Carl Röchling (1889). Der Bauernkrieg war die größte soziale Erschütterung des 16. Jahrhunderts in Deutschland. Luther, in dessen reformatorische Lehre viele Bauern ihre Hoffnung gesetzt hatten, wandte sich in schroffer Form gegen die Aufständischen.

Eine Woche nachdem der Bauernkrieg blutig niedergeschlagen worden war, tat Luther einen Schritt, der ebenfalls eine Umwälzung bedeutete, allerdings zunächst eine rein private: Er heiratete Katharina von Bora (1499–1552). Ein Mönch heiratete eine Nonne – der Skandal war perfekt, doch in Wittenberg hatte man mit dieser Entscheidung schon längst gerechnet. Zu oft hatte Luther schon gegen das Zölibat gewettert. „Wachset und mehret euch", heißt es in einer seiner Schriften, „das ist nicht ein Gebot, sondern mehr als ein Gebot, nämlich ein göttlich Werk, das nicht bei uns steht zu verhindern oder zuzulassen, sondern es ist ebenso not, als daß ich ein Mannsbild sei, und nötiger denn essen und trinken, schlafen und wachen. Es ist eine eingepflanzte Natur und Art, ebenso wohl als die Gliedmaßen, die dazu gehören."

Deutliche Worte eines Mannes, der sich ursprünglich zur Keuschheit verpflichtet hatte, inzwischen aber zu der Erkenntnis gelangt war, daß es sich dabei keineswegs um ein in der Bibel bezeugtes göttliches Gebot handele.

Luthers Ehe hatte eine lange und stellenweise sogar abenteuerliche Vorgeschichte, die in der Nähe von Leipzig begann:

Ungefähr 30 Kilometer südöstlich von der sächsischen Großstadt Leipzig liegt Grimma. Die um 1170 entstandene Marktsiedlung erhielt 1220 das Stadtrecht, verlor aber mit dem Aufstieg der nahen Messestadt Leipzig als Handelsplatz an Bedeutung. Auf dem von stattlichen Bürgerhäusern gesäumten Marktplatz steht ein zweigeschossiges Rathaus von 1442, das nach einem Brand bis 1585 erneuert wurde. Die frühgotische Frauenkirche, das Augustinerkloster, das später als Fürsten- und Landesschule genutzt wurde, und das Schloß gehören zu den interessantesten Bauten des malerisch am Ufer der Mulde gelegenen Städtchens.

Als Luther 1516 nach Grimma kam, um das Augustinerkloster zu besuchen, ahnte er nicht, welche Bedeutung die kleine Stadt für sein späteres Leben haben sollte. Unweit der Stadt, in Nimbschen, befand sich auf dem Hang oberhalb der Mulde seit 1258 das Zisterzienser-Nonnenkloster Marienthron. Es war ein wohlhabendes Kloster mit großen Ländereien und reichem Viehbestand. Im Jahre 1519 lebten hier 40 Nonnen. Eine davon war die aus einem verarmten sächsischen Adelsgeschlecht stammende Katharina von Bora. Ihr Vater hatte sie schon als Kind im Kloster untergebracht, weil hier eine nahe Verwandte als Äbtissin amtierte.

Obwohl die Klostermauern dick waren, drangen die Nachrichten von den reformatorischen Ereignissen auch nach Marienthron. Wie andernorts wuchs bei den Nonnen der Wunsch, das Kloster zu verlassen – und zwar für immer. In einem Brief wandte sich Katharina von Bora mit acht anderen Nonnen mit der Bitte an Luther, ihre Flucht zu unterstützen.

Luther beauftragte den Torgauer Ratsherrn Leonhard Koppe, sich der Sache anzunehmen. Koppe, der als Fisch- und Bierlieferant ohne weiteres Zutritt zum Kloster hatte, verhalf den neun Nonnen in der Osternacht 1523 zu einer abenteuerlichen Flucht. Der Schriftsteller Jochen Klepper hat das dramatische Geschehen in einem Roman rekonstruiert:

„Die drei Männer zwischen der Klostermauer und dem hügeligen Buchendickicht nahe am schilfumgrenzten, schimmernden Weiher, der den Beterinnen von Marienthron die Fastenspeise gab, standen regungslos. Nur manchmal wandte sich einer von ihnen nach den Pferden um, als müßten auch sie in ein Geheimnis einbezogen bleiben. Hätte eines Menschen Blick die Nacht durchdrungen, die nur eine mit Reisig verdeckte Laterne in schmaler, schwacher Lichtbahn matt erhellte – das Rätsel wäre ihm noch unlösbarer erschienen. Wie diese drei, so nach Herrenart, sah selbst des reichen torgischen Kaufherrn in gutem Lohn und Sold gehaltener Fuhrmannstroß nicht aus. Zwei jüngere Herren – der eine von ihnen freilich kein Jüngling mehr – von ehrbarem Stande – flüsterten da miteinander; und der Alte neben ihnen, der wie ein Jäger nach dem Wild ausspähte, wirkte wie ein reicher Junker, wie sie auf den Herrensitzen rings nicht gerade häufig waren. Aber es war in der Tat Herr Leonhard Koppe von Torgau. Der Kaufherr selbst war mit dem Planwagen gekommen.

Die Nonne und der Mönch: 1525 heiratete Martin Luther die zwei Jahre zuvor entflohene Zisterzienserin Katharina von Bora. Lucas Cranach d. Ä., der ein Freund der Familie war, hat das Ehepaar porträtiert.

Sein Fuhrwerk war ohne Fracht. Ware brachte Herr Koppe nicht mit. Es standen zwar zwei Fässer bei dem Fuhrwerk, aber die Tonnen waren leer. Lautlos waren sie herabgehoben worden. Als über der Klostermauer der Schatten einer verschleierten Frau erschien, stürzte Koppe, wachsamer als die beiden jüngeren Männer, als erster herbei, ihr hilfreich seine starken Hände entgegenzustrecken." Alle neun Nonnen konnten in dieser Nacht aus dem Kloster entkommen.

Heute ist von Kloster Marienthron nur noch die Ruine eines Gebäudes erhalten. Daran ist eine Tafel mit folgender Inschrift befestigt: „In diesem Nonnenkloster weilte 1509–1523 Katharina von Bora. Befreit wurde sie durch den Ratsherrn Leonhard Koppe aus Torgau am 4. April 1523, vermählt mit D. Martin Luther zu Wittenberg am 13. Juni 1525."

Obwohl Luther das Zölibat abgelehnt hatte und sich schon seit Jahren mit Heiratsgedanken trug, verhielt er sich in dieser Sache recht zögerlich. Noch am 16. April 1525 schrieb er an Spalatin: „Was Du über meinen möglichen Ehestand schreibst – wundere Dich bitte nicht, daß ich keinen führe, obwohl ich doch als Liebhaber berüchtigt bin. Wundere Dich vielmehr darüber, daß ich, obgleich ich so oft über die Ehe schreibe und mich mit Frauen abgebe, nicht schon längst selbst zu einer Frau geworden bin oder wenigstens irgendeine geheiratet habe ..."

Acht Wochen später ließ sich Luther mit Katharina von Bora in der Wittenberger Schloßkirche trauen. In den Tischreden sagte er später: „Daß ich meinem Vater bittere Last aufgelegt habe und mit dem Papst in Streit geraten bin und eine entlaufene Nonne zum Weibe genommen habe, wer hat das in den Sternen gelesen? Wer hat mir das vorher gesagt?"

In den folgenden Jahren wurde Luther Vater von drei Söhnen und drei Töchtern. Mit der Gründung seiner eigenen Familie rief er eine für die deutsche Kultur- und Geistesgeschichte höchst wichtige Institution ins Leben: das evangelische Pfarrhaus. Es wäre müßig, all jene Dichter und Philosophen, Komponisten und Schauspieler, Wissenschaftler und Politiker aufzuzählen, die in der musisch und geistig anregenden Atmosphäre eines Pfarrhauses aufgewachsen sind. Soviel steht jedenfalls fest: Kein anderes familiäres Milieu in Deutschland hat so viele bedeutende Persönlichkeiten hervorgebracht wie das der Pastorenfamilie. Eine Idylle ist das Pfarrhaus jedoch kaum gewesen.

Auch in Luthers eigener Familie ging es längst nicht so harmonisch zu, wie es auf den im 19. Jahrhundert so beliebten Gemälden über das Privatleben des Wittenbergers gerne dargestellt wurde. Zwar hatte der Reformator eine innige Beziehung zu seiner Käthe, die er zärtlich als „Morgenstern" bezeichnete, und war seinen Kindern ein liebender Vater, andererseits dürfte er aufgrund seiner häufigen Stimmungsschwankungen und seiner sprichwörtlichen Arbeitswut manchmal nur schwer zu ertragen gewesen sein. Die Hausarbeit überließ er, wie es in der patriarchalischen Gesellschaft üblich war, ganz und gar seiner Frau, die mit Geschick und unermüdlichem Einsatz als „domina" den riesigen Hausstand in Schwung hielt. Leicht hat sie es an der Seite ihres Mannes nicht gehabt, und weder ihre Zeitgenossen noch die Nachwelt ließen ihr immer Gerechtigkeit zuteil werden. Doch dieses Schicksal teilt sie mit den meisten Frauen berühmter Männer, deren Anteil am Erfolg des Partners fast immer im Schatten bleibt.

Während sich Luther auf der Wartburg verbergen mußte, drohte die reformatorische Bewegung aus dem Ruder zu laufen. Radikale Theologen riefen zum Bildersturm auf und drohten, die alte Ordnung aus den Angeln zu heben. Kritisch war die Lage vor allem in Zwickau, wo Luthers einstiger Weggefährte Thomas Münzer und die obrigkeitsfeindliche Gruppe der „Zwickauer Propheten“ für Unruhe sorgten. Ende April/ Anfang Mai 1522 kam Luther in die sächsische Stadt und predigte zunächst in der spätgotischen Marienkirche und später auf dem Marktplatz wortgewaltig gegen die Radikalen. Eine Skulptur, die im späten 19. Jahrhundert als Teil eines umfangreichen Figurenschmucks an der Außenseite der Marienkirche angebracht wurde, erinnert an den dramatischen Auftritt des Reformators.

In der kleinen Fachwerkstadt Stolberg im Harz, dem Geburtsort Thomas Münzers, fand Luthers Botschaft der Mäßigung kaum Gehör. Wenige Tage nachdem er am 20. April in der spätgotischen Stadtkirche St. Martini gepredigt hatte, stürmten die Armen der Stadt das Schloß. Dennoch hatte Luther einen Blick für die Schönheit des malerischen Städtchens. An der Lutherbuche oberhalb des Ortes stehend, blickte er ins Tal und verglich Stolberg mit einem Vogel: Das Schloß, meinte er, wäre der Kopf, der Markt der Rumpf, die beiden Gassen die Flügel und die Niedergasse der Schwanz.

In der Nähe von Grimma, etwa 30 Kilometer südöstlich von Leipzig, liegt, versteckt in einem Waldstück, die Ruine des 1258 gegründeten Zisterzienserinnenklosters Marienthron. Dort lebte Luthers spätere Ehefrau Katharina von Bora seit ihrer Kindheit als Nonne. Gemeinsam mit acht Mitschwestern hatte sie sich brieflich mit der Bitte an Luther gewandt, er möge ihre Flucht unterstützen. Luther bat den Torgauer Ratsherrn Leonhard Koppe, sich der Sache anzunehmen. In der Osternacht 1523 verhalf Koppe, der als Bierlieferant mühelos Zutritt zum Kloster hatte, den Nonnen in einer abenteuerlichen Aktion zur Flucht. Reichlich zwei Jahre später heiratete der Mönch Martin Luther die Klosterfrau Katharina von Bora.

Für den temperamentvollen Luther muß es eine enorme Zumutung gewesen sein, nicht selbst am Augsburger Reichstag teilnehmen zu können. Da die kirchliche Zerrissenheit für das Reich, das zudem von den Türken bedroht war, ein großes Problem darstellte, hatte Kaiser Karl V. den Reichstag für den Sommer 1530 einberufen. Während der sächsische Kurfürst mit einer großen Delegation, der auch namhafte Theologen angehörten, nach Augsburg aufbrach, konnte der noch immer geächtete und gebannte Luther nur bis an die äußerste Grenze Sachsens mitkommen. Wieder war es eine Burg, auf der er Quartier bezog, diesmal allerdings nicht die Wartburg, sondern die gerade noch auf kursächsischem Gebiet gelegene Veste Coburg.

Die im 13. Jahrhundert oberhalb der Stadt angelegte Veste besteht aus einer östlichen Hauptburg mit Palas, Kemenate, Bergfried, Doppelkapelle und einer westlichen Vorburg. Die Festung, die im Lauf der Jahrhunderte oft umgebaut worden war und ihre militärische Bedeutung spätestens im 17. Jahrhundert verloren hatte, wurde 1838–1844 durch Carl Alexander Heideloff neugotisch renoviert.

Als Luther am 24. April 1530 auf der Veste angekommen war, schrieb er an Melanchthon: „Endlich sind wir auf unserem Sinai angelangt, teuerster Philippus. Aber wir werden ein Zion aus diesem Sinai machen." Von Resignation also keine Spur, im Gegenteil, Luther ist fest entschlossen, von Coburg aus in das Augsburger Geschehen einzugreifen. Durch Boten läßt er sich ständig über den Fortgang der Verhandlungen unterrichten. Er gibt Instruktionen und ermahnt Melanchthon, konsequent zu bleiben.

Philipp Melanchthon lebte von 1497 bis 1560. Er war der engste Freund und Mitarbeiter Luthers und hat die reformatorische Bewegung durch sein Wirken entscheidend geprägt. Das Porträt, das sich im Museum der Stadt Regensburg befindet, schuf Lucas Cranach d. Ä. im Jahre 1532.

Am 25. Juli wird im bischöflichen Palast zu Augsburg die Bekenntnisschrift verlesen, die als Confessio Augustana – als Augsburgisches Bekenntnis – zur Grundlage des Protestantismus werden sollte. Der zentrale Satz darin heißt: „Der evangelische Glaube kommt aus der Schrift und aus der Lehre der Alten Kirche. Er ist keine Ketzerei."

Der Kaiser, der Mühe hat, dem Text zu folgen, veranlaßt Eck, eine Widerlegung auszuarbeiten, die am 3. August verlesen wird. Daraufhin reisen die evangelischen Fürsten (Kursachsen, Hessen, Anhalt, Mansfeld, Braunschweig-Lüneburg und -Grubenhagen, Magdeburg und Bremen) ab. Der Kaiser kann sie nicht hindern, denn er braucht ihre Hilfe, weil die Türken das Reich bedrohen. Luther, der sich gelegentlich über die Kompromißbereitschaft Melanchthons geärgert hatte, konnte mit dem Resultat letztlich zufrieden sein. Am 4. Oktober verläßt Luther die Veste Coburg mit großem kurfürstlichem Gefolge.

Schmalkalden

Das mehr als elfhundertjährige thüringische Städtchen Schmalkalden verdankt seine Bekanntheit vor allem der Reformationsgeschichte. Da der Augsburger Reichstag das Wormser Edikt erneuert und die Lage damit weiter verschärft hatte, mußten die evangelischen Fürsten sich verstärkt um Einigkeit bemühen. Sie trafen sich daher nach dem Reichstag in Schmalkalden und gründeten hier 1531 einen Bund der protestantischen Reichsstände. Das bedeutendste Treffen des Schmalkaldischen Bundes fand 1537 statt. 18 Fürsten und die Vertreter von 28 Städten sowie 42 prominente Theologen hatten sich versammelt, um die Schmalkaldischen Artikel als Programm zu formulieren. Die Federführung lag in den Händen Luthers, dessen Gutachten die Grundlage für die Beratungen bildete. Am 10. Februar wurde der Konvent im Audienzsaal des Rathauses am Altmarkt feierlich eröffnet.

Obwohl das spätgotische Gebäude Anfang dieses Jahrhunderts umgebaut wurde, blieb der historische Saal bis heute unverändert erhalten. Auf Wunsch der Fürsten und Städte erarbeiteten die Theologen eine programmatische Schrift „Von der Gewalt der Obrigkeit des Papstes", die die Schmalkaldischen Artikel abschloß. Dem Konzil, das der Kaiser nach Mantua einberufen hatte, werde man, auch das beschloß der Konvent, nicht beiwohnen.

Luther wohnte im Haus des hessischen Rentmeisters Balthasar Wilhelm, einem stattlichen Fachwerkgebäude am heutigen Lutherplatz. Da er aber in diesen Tagen unter einer heftigen Nieren- oder Blasensteinerkrankung litt, konnte er dem Konvent nur selten persönlich beiwohnen. Trotzdem predigte er einmal in der Stadtkirche St. Georg, einer dreischiffigen spätgotischen Hallenkirche. Seine Krankheit verschlimmerte sich jedoch so sehr, daß er mit seinem baldigen Ende rechnete und nur noch den Wunsch hatte, auf heimischem kursächsischem Boden zu sterben. In Begleitung eines Arztes und mehrerer Freunde verließ Luther, weich auf einem kurfürstlichen Wagen gebettet, am 26. Februar 1537 Schmalkalden. Es mag kurios klingen, doch die schlechten thüringischen Straßenverhältnisse retteten dem Reformator das Leben. Auf dem holperigen Weg wurde Luther im Wagen so durchgeschüttelt, daß sich in der Nähe von Tambach die Steine lösten und von selbst abgingen. Für die Nachwelt war diese Erklärung aber zu wenig erhaben, und so kam bald eine Legende auf, nach der Luther im Tammichgrund bei Tambach-Dietharz aus einem heilkräftigen Brunnen getrunken haben und deshalb gesundet sein soll. Am 11. November 1883, dem 400. Geburtstag des Reformators, erhielt die Quelle den Namen „Lutherbrunnen" und wurde mit einer lateinischen Schrifttafel versehen.

Eisleben, Wittenberg

Seit seiner Rückkehr von der Wartburg lebte Luther ständig in Wittenberg, wo er seinen Lehr- und Predigtverpflichtungen nachkam und die Geschicke der reformatorischen Bewegung lenkte. Doch er unternahm zahllose Reisen, um zu predigen, Visitationen vorzunehmen oder Freunde zu besuchen. Noch in seinem vorletzten Lebensjahr reiste Luther, der die Nähe des Todes schon spürte, zwischen Ende Juli und Mitte August nach Leipzig, Zeitz, Merseburg, Halle und Torgau. Am 28. Januar 1546 traf er in seiner Geburtsstadt Eisleben ein. Die Grafen von Mansfeld hatten ihn gebeten, ihre Erbstreitigkeiten zu schlichten. Schon an der Mansfeldischen Grenze empfingen ihn die zerstrittenen Brüder mit Ehrengeleit.
Luther wohnte bei einem langjährigen Freund, dem Stadtschreiber Albrecht, im Drachenstädtischen Haus (Andreaskirchplatz 7) gleich neben der St. Andreaskirche. Obwohl er schon bei seiner Ankunft vom Tod gezeichnet war, führte er täglich neunzig Minuten lang die Verhandlungen zwischen den Grafen. Am 14. Februar kam die Einigung zustande, die am Tag darauf vertraglich fixiert wurde.
Am 16. Februar betrat Martin Luther die schöne, kunstvoll mit Arabesken und Heiligenfiguren verzierte Renaissancekanzel von St. Andreas, um die letzte Predigt seines Lebens zu halten. Doch er erlitt bald einen Schwächeanfall und brach die Predigt mit den Worten ab: „Ich bin zu schwach, wir wollens hierbei bleiben lassen." Zwei Tage später sagte er: „Wenn ich wieder heim gen Wittenberg komme, so will ich mich alsbald in einen Sarg legen und den Maden einen feisten Doktor zu fressen geben."
Am nächsten Abend aß er zwar noch einmal mit Freunden, doch in der Nacht verschlechterte sich sein Zustand so stark, daß die herbeigerufenen Ärzte nicht mehr helfen konnten.
Martin Luther starb am 18. Februar 1546 morgens kurz vor drei Uhr, umgeben von seinen Söhnen, seinem Mitarbeiter Justus Jonas, den Mansfelder Grafen und anderen Freunden. Der Leichnam wurde zunächst in der Andreaskirche aufgebahrt. Zur Trauerfeier erschienen so viele Menschen, daß nicht nur die Kirche, sondern auch die umliegenden Straßen und Plätze gefüllt waren. Am nächsten Tag wurde der Sarg mit feierlichem Geleit nach Wittenberg überführt. Ein Zeitgenosse berichtet über die Ankunft:
„Und den Montag hernach zu Wittenberg zwischen acht und zehn Uhr ans Tor gekommen. Da ist ihm der Landvogt entgegen geritten und hat ihn und die Grafen von Mansfeld angenommen. Der Wagen, darauf er in einem Sarg geführt, ist mit einem schwarzen Sammet bedeckt, dabei ein schmal, weiß Tüchlein in die Länge gewesen. Und also in die Stadt zum Elstertor vor sein Kloster geführt, die Reiter vorher geritten, die Herren der Universität mit seinen Söhnen und Studenten nachgegangen, und auch sein Weib, welche aus Betrübnis so schwach gewesen, daß sie nicht hat gehen können, nachgefahren bis in die Schloßkirche."
Die Traueransprachen hielten Luthers Freunde Philipp Melanchthon und Johannes Bugenhagen. Anschließend wurde Luther in der Schloßkirche beigesetzt. Nachdem die Kirche Ende des 19. Jahrhunderts umgestaltet wurde, erhielt die schlichte bronzene Grabplatte, die ursprünglich in den Fußboden eingelassen war, einen einfachen Sandsteinsockel.

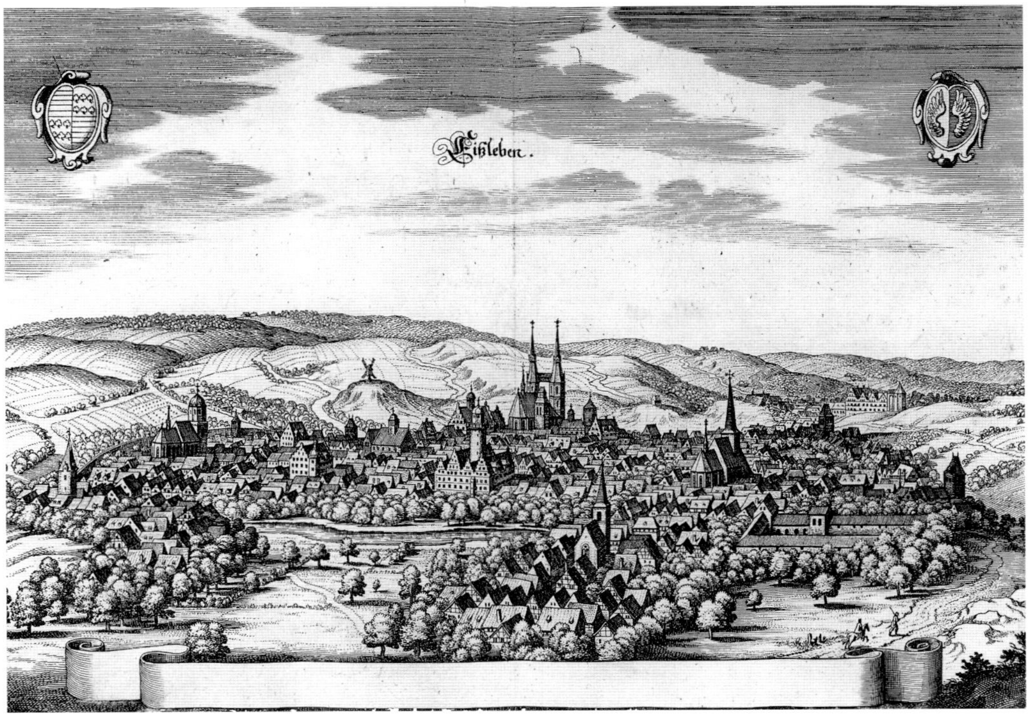

Umgeben von den anmutigen Hügeln des an Bodenschätzen reichen Mansfelder Landes konnte sich Eisleben im Spätmittelalter als aufstrebende Bürgerstadt entwickeln. Die hochaufragenden Kirchtürme und das stattliche Rathaus zeugen vom Wohlstand, der sich auf den Bergbau gründete. Der Merian-Stich entstand um 1645.

Die Veste Coburg ist die zweite Burg, die in Martin Luthers Leben eine wichtige Rolle gespielt hat. Da er als ein vom Reich Gebannter im Sommer 1530 am Augsburger Reichstag nicht teilnehmen konnte, verfolgte er von hier aus das Tauziehen um die Confessio Augustana, die zur wichtigsten Bekenntnisschrift des Protestantismus wurde. Die Veste, die im 13. Jahrhundert oberhalb der Stadt Coburg angelegt worden war, lag gerade noch auf kursächsischem Gebiet. Ihre heutige Gestalt erhielt sie nach einer neugotischen Renovierung zwischen 1838 und 1844.

In der kleinen thüringischen Stadt Schmalkalden gründeten die protestantischen Reichsstände 1531 den Schmalkaldischen Bund. Zu seiner bedeutendsten Zusammenkunft im Jahre 1537 reisten 18 Fürsten, die Vertreter von 28 Städten und 40 prominente Theologen an. Wichtigster Teilnehmer war Luther, der die Beratungen wesentlich bestimmte. Getagt wurde im Audienzsaal des Rathauses, der bis heute weitgehend unverändert erhalten blieb. Schloß Wilhelmsburg, hier rechts im Bild, entstand erst knapp 50 Jahre später als Jagd- und Sommersitz in niederländischer Renaissancearchitektur.

Als Luther am 28. Januar 1546 in seine Geburtsstadt Eisleben kam, um hier die Erbstreitigkeiten der Mansfelder Grafen zu schlichten, war er schon ein todkranker Mann. Er bezog Quartier im Hause des Stadtschreibers Drachstedt, unmittelbar neben der Andreaskirche. In der Nacht vom 17. zum 18. Februar verschlimmerte sich sein Gesundheitszustand dramatisch. Freunde trugen ihn vom Bett (rechts im Bild) in den großen Raum an der Straßenseite im ersten Obergeschoß. Kurz vor drei Uhr starb er dort, umgeben von seinen Söhnen, seinem Mitarbeiter Justus Jonas, den Mansfelder Grafen und anderen Freunden.

Joh. Bugenh

Luthers Grab in der Wittenberger Schloßkirche. Der Leichnam des Reformators wurde an seine wichtigste Wirkungsstätte, nach Wittenberg, überführt. Die Trauerfeier, zu der Luthers Freunde Melanchthon und Bugenhagen die Ansprachen hielten, fand in der Schloßkirche statt. Dort wurde er auch beigesetzt. Ursprünglich war die schlichte Grabplatte in den Fußboden eingelassen. Erst nachdem die Kirche am Ende des 19. Jahrhunderts umgestaltet wurde, erhielt das Grab einen einfachen Sandsteinsockel.

Zeittafel

10. November 1483 Geburt Martin Luthers in Eisleben.
11. November 1483 Taufe Martin Luthers in Eisleben.
1484 Geburt Georg Spalatins († 1545).
1484–1496/97 Kindheit und erste Schuljahre in Mansfeld.
1485 Geburt Johannes Bugenhagens († 1558).
1486 Geburt des Kurfürsten Friedrich III. des Weisen von Sachsen († 1525).
1493 Geburt Kaiser Maximilians I. († 1519).
1497 Geburt Philipp Melanchthons († 1560). Schulbesuch in Mansfeld.
1498–1501 Besuch der Lateinschule in Eisenach.
1498 Hinrichtung Savonarolas in Florenz.
1501 Immatrikulation an der Universität Erfurt und Studienbeginn an der Artistenfakultät.
1502 Bakkalaureat an der Artistenfakultät.
1505 Magisterexamen an der Artistenfakultät und Aufnahme des Jurastudiums an der Universität Erfurt.
2. Juli 1505 Gewittererlebnis bei Stotternheim.
17. Juli 1505 Eintritt in das Erfurter Augustinereremitenkloster.
3. April 1507 Priesterweihe im Mariendom zu Erfurt und Beginn des Theologiestudiums an der Universität Erfurt.
1509 Geburt Johannes Calvins († 1564).
9. März 1509 Baccalaureus biblicus an der Universität Erfurt.
Herbst 1509 Baccalaureus sententiarius an der Universität Erfurt.
1510/1511 Reise nach Rom.
1511 Versetzung nach Wittenberg.
18./19. Oktober 1512 Promotion zum Doktor der Theologie. Übernahme der Professur für Bibelexegese an der theologischen Fakultät in Wittenberg. Subprior des Wittenberger Augustinereremitenklosters.
1514 Predigtauftrag an der Stadtkirche von Wittenberg.
1515 Wahl zum Distriktsvikar über die zehn Konvente der Augustinereremiten in Thüringen und Meißen.
1517 Ablaßhandel des Dominikaners Johann Tetzel in Brandenburg und Magdeburg.
Oktober/November 1517 Versendung der 95 Thesen.
Dezember 1517 Öffentliche Verbreitung der Thesen.
1518 Reichstag zu Augsburg.
März 1518 Veröffentlichung des „Sermon vom Ablaß und von der Gnade".
April 1518 Heidelberger Disputation.
12.–14. Oktober 1518 Verhör durch Kardinal Thomas Cajetan in Augsburg. Martin Luther verweigert den geforderten Widerruf.
1519 Tod Kaiser Maximilians I.
28. Juni 1519 Wahl Karls V. zum Römischen Kaiser Deutscher Nation.
27. Juni–16. Juli 1519 Leipziger Disputation zwischen Eck, Karlstadt und Luther.
Mai 1520 Schrift „Von den guten Werken".
15. Juni 1520 Bannandrohungsbulle „Exsurge Domini" von Papst Leo X.
August 1520 Schrift „An den christlichen Adel deutscher Nation von des christlichen Standes Besserung".
Oktober 1520 Schrift „Von der Freiheit eines Christenmenschen"; Krönung Karls V. zum Römischen König.
10. Dezember 1520 Öffentliche Verbrennung der Bulle in Wittenberg.
1521 Reichstag zu Worms.
3. Januar 1521 Bann über Luther, Bulle „Decet Romanum Pontificem".
6. März 1521 Vorladung zum Wormser Reichstag.
17./18. April 1521 Luther vor dem Reichstag zu Worms. Wieder verweigert er den Widerruf, diesmal vor Kaiser und Reich.
26. April 1521 Abreise von Worms.
4. Mai 1521 Fingierte Entführung Martin Luthers auf die Wartburg im Auftrag Friedrichs des Weisen. Beginn des Aufenthaltes Luthers auf der Wartburg unter dem Decknamen „Junker Jörg".
8. Mai 1521 Wormser Edikt. Verhängung der Reichsacht über Luther und seine Anhänger.
Dezember 1521–Februar 1522 Übersetzung des Neuen Testaments.
1. März 1522 Aufbruch von der Wartburg.
6. März 1522 Luther in Wittenberg.
9.–16. März 1522 Invokativpredigten in Wittenberg.
September 1522 Erscheinen des von Luther übersetzten Neuen Testaments, sogenanntes „Septembertestament".
Februar 1523 Wiederaufnahme der Vorlesungstätigkeit.
Dezember 1523 Ausarbeitung einer neuen Gottesdienstordnung (u. a. Abendmahl in beiderlei Gestalt).
1524 Anschluß des Landgrafen Philipp von Hessen an die Reformation.
9. Oktober 1524 Ablegen der Mönchskutte.
13. Juni 1525 Eheschließung mit Katharina von Bora.
Mai 1525 Schrift „Wider die räuberischen und mörderischen Rotten der Bauern".
7. Juni 1526 Geburt des Sohnes Johannes.
Juni 1526 Schwere Steinerkrankung.
1527 Einführung der Reformation in Schweden.
6. Juli 1527 Ausbruch einer schweren Erkrankung mit tiefen Depressionen.
10. Dezember 1527 Geburt der Tochter Elisabeth.
3. August 1528 Tod der Tochter Elisabeth.
April 1529 Großer Katechismus.
Mai 1529 Kleiner Katechismus, Buchausgabe.
4. Mai 1529 Geburt der Tochter Magdalene.
1.–4. Oktober 1529 Marburger Religionsgespräch auf Betreiben Philipps von Hessen; Einigung in 14 Artikeln, Uneinigkeit in der Abendmahlsfrage bleibt bestehen.
1530 Kaiserkrönung Karls V. in Bologna durch Papst Clemens VII.; Reichstag zu Augsburg.
23. April–4. Oktober 1530 Aufenthalt Luthers auf der Veste Coburg während des Reichstages.
29. Mai 1530 Tod des Vaters Hans Luther.
25. Juni 1530 Verlesung und Übergabe der Confessio Augustana, die in der Hauptsache von Melanchthon verfaßt worden ist.
30. Juni 1531 Tod der Mutter Margarethe.
28. Januar 1533 Geburt des Sohnes Paul.
1534 Einführung der Reformation in Württemberg durch Herzog Ulrich.
September 1534 Erste vollständige Ausgabe der Bibel in Luthers Übersetzung.
17. Dezember 1534 Geburt der Tochter Margaretha.
1535–1546 Luther ist Dekan der Theologischen Universität Wittenberg.
1536 Einführung der Reformation in Dänemark durch König Christian III.
31. Januar 1537 Abreise nach Schmalkalden mit Bugenhagen und Melanchthon.
7. Februar 1537 Ankunft in Schmalkalden.
11. Februar 1537 Beginn eines schweren Nierensteinleidens während der Bundesversammlung zu Schmalkalden.
26. Februar 1537 Abreise von Schmalkalden.
1539 Einführung der Reformation in Sachsen durch Herzog Heinrich und in Brandenburg durch Kurfürst Joachim. Beginn der Überarbeitung der Bibelübersetzung.
6. Januar 1542 Luthers (2.) Testament.
20. September 1542 Tod der Tochter Magdalene.
19. Dezember 1544 Letzte Bibelrevisionssitzung.
März 1545 Schrift „Wider das Papsttum zu Rom, vom Teufel gestiftet".
Ende Juli–16. August 1545 Reise nach Leipzig, Zeitz, Merseburg, Halle und Torgau.
28. Januar 1546 Ankunft in Eisleben.
15. Februar 1546 Letzte Predigt in Eisleben.
17. Februar 1546 Einigung zwischen den Grafen Albrecht und Gebhard von Mansfeld durch Luthers Vermittlung.
18. Februar 1546 Tod in Eisleben.
22. Februar 1546 Beisetzung Martin Luthers in der Wittenberger Schloßkirche.
1555 Augsburger Religionsfriede.

Altenburg (04600)
Schloßmuseum
Schloß II
Di.–So. 9–17 Uhr
Tel. (03447) 31 51 93

Augsburg (86150)
Heiligkreuz
Gemeinde St. Anna
Annahof
„Lutherhöfle" im Kreuzgang des ehemaligen Annenklosters und „Lutherstiege" mit Dokumenten zu Martin Luther und zur Reformation.
Di.–Do. 10–12.30 Uhr und 15–17.30 Uhr
Tel. (0821) 3 02 37

Veste Coburg (96450)
Kunstsammlungen und Lutherzimmer
April–Okt.: Di.–So. 9.30–13 und 14–17 Uhr
Nov.–März: Di.–So. 14–17 Uhr
Tel. (09561) 87 90

Fürstenbau mit Lutherkapelle
April–Okt.: tägl. 10–12 Uhr und 14–16 Uhr
Nov.–März: Di.–So. 14–16 Uhr

Eisenach (99817)
Lutherhaus
Lutherplatz 8
Mai–Sept.: tägl. 9–17 Uhr
Okt.–April: Mo.–Sa. 9–17 Uhr, an Sonn- und Feiertagen 14–17 Uhr
Tel. (03691) 2 98 30

Ausstellung Predigerkirche (99817)
Predigerplatz 2
Di.–So. 9–17 Uhr
Tel. (03691) 62 46 78

Lutherstadt Eisleben (06295)
Geburtshaus von Martin Luther
Lutherstraße 16
April–Okt.: tägl. 10–18 Uhr
Nov.–März: Di.–Fr. 10–16 Uhr
Sa. und So. 12–16 Uhr
Tel. (03475) 60 27 75

Luthers Sterbehaus (06295)
Andreaskirchplatz 7
April–Okt.: tägl. 9–17 Uhr
Nov.–März: Di.–Fr. 10–16 Uhr
Sa. und So. 12–16 Uhr

Erfurt (99084)
Augustinerkloster
Kirchgasse / Augustinerstraße
Führungen stündlich; April–Okt.: Di.–Sa. 10–12 und 14–16 Uhr, So. nur 10.45 Uhr; Nov.–März: Di.–Sa. 10 / 12 /14 Uhr, So. nur 10.45 Uhr und nach Voranmeldung
Tel. (0361) 5 62 36 03

Museum für Stadtgeschichte (99084)
Johannisstr. 169
Di.–Do. 10–17 Uhr, Fr. 10–13 Uhr,
Sa. 13–17 Uhr, So. 10–17 Uhr
Tel. (0361) 5 62 48 88

Angermuseum (99084)
Anger 18
Di., Mi., Do. und So. 10–17 Uhr,
Fr. 10–13 Uhr, Sa. 13–17 Uhr
Tel. (0361) 5 62 33 11

Grimma (04668)
Kreismuseum Grimma
Paul-Gerhardt-Str. 43
Bei Redaktionsschluß standen noch keine Öffnungszeiten fest
Tel. (03437) 91 11 32

Leipzig (04109)
Stadtgeschichtliches Museum im Alten Rathaus
Markt 1
Di.–Fr. 10–18 Uhr; Sa. und So. 10–16 Uhr
Tel. (0341) 96 51 30

Magdeburg (39104)
Kulturhistorisches Museum
Otto-von-Guericke-Str. 68–73
Di.–So. 10–18 Uhr
Tel. (0391) 3 26 45

Mansfeld (06343)
Luther-Museum in Luthers Elternhaus
Lutherstraße 26
April–Okt.: tägl. 10–18 Uhr
Nov.–März: Di.–Fr. 10–16 Uhr,
Sa. und So. 12–16 Uhr
Tel. (034782) 60 27 75

Schloß Mansfeld (06343)
Führungen durch das Außengelände und die Schloßkirche: Juni– Sept.: Sa. und So. 14 Uhr sowie ganzjährig nach telefonischer Vereinbarung
Tel. (034782) 2 02 01

Schmalkalden (98574)
Museum Schloß Wilhelmsburg
Schloßberg 9
Febr.–Okt.: Di.–So. 9–17 Uhr
Nov.–Jan.: Di.–So. 10–16 Uhr
Tel. (03683) 31 86

Stolberg (06547)
Heimatmuseum
Burg Stolberg
Mai–Okt.: Sa. und So. 14–18 Uhr
Nov.–April: nur So. 14–18 Uhr
Tel. (02402) 8 22 50
Führungen nach Vereinbarung unter Tel. (02401) 8 17 20

Torgau (04860)
Schloß Hartenfels
Die Kapelle im Schloß Hartenfels weihte Luther 1544 als weltweit ersten protestantischen Kirchenbau.

Marienkirche (04860)
Hier befindet sich das Grab von Katharina von Bora, die 1552 in Torgau starb.

Wartburg (99817)
Febr. und März: tägl. 9–15.30 Uhr
Sa. und So. 9–16 Uhr
April, Sept.; 1.–15. Okt.: tägl. 8.30–16.30 Uhr,
Sa. und So. 8.30 –17 Uhr
Mai–Aug.: tägl. 8.30–17 Uhr
16.–31. Okt.: 8.30–16 Uhr
Nov.–Jan.: tägl. 9–15.30 Uhr
Tel. (03691) 7 70 72 und 7 70 73

Wittenberg (06886)
Lutherhalle
Collegienstr. 54
April–Sept.: Di.–So. 9–18 Uhr
Okt.–März: Di.–So. 10–17 Uhr
Tel. (03491) 40 26 71 und 40 26 72

Melanchthonhaus (06886)
Collegienstr. 60
Mai–Okt.: Sa.–Do. 9–17 Uhr
Nov.–April: Sa.–Do. 10–18 Uhr
Voraussichtlich ab Juni 1996 bis April 1997 wegen Umbauarbeiten geschlossen
Tel. (03491) 40 32 79

Worms (67547)
Museum der Stadt Worms
Weckerlingplatz 7
April–Sept.: Di.–So. 10–17 Uhr
Okt.–März: Di.–So. 10–12 und 14–17 Uhr
Lutherausstellung anläßlich des 450. Todesjahres Martin Luthers: April–Nov.: Di.–So. 10–17 Uhr
Tel. Stadtverwaltung (06241) 85 30

Zwickau (08058)
Städtisches Museum
Lessingstr. 1
Di.–Fr. 9–17 Uhr
Sa. und So. 10–17 Uhr
Tel. (0375) 83 45 00

Stand: Ende Januar 1996

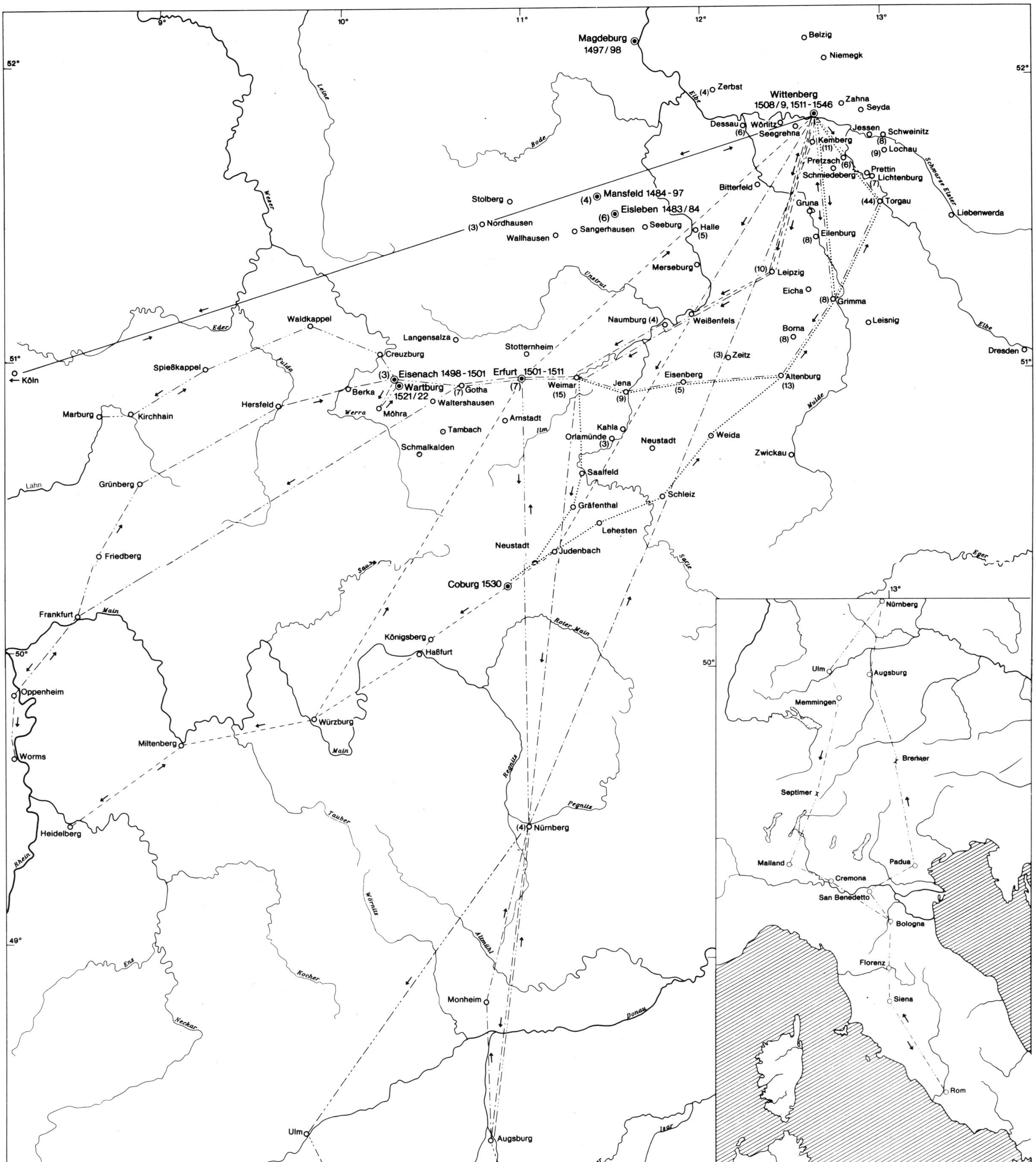

⊙ Ständiger Aufenthalt
○ Vorübergehender Aufenthalt/Reisestation (Zahl: mehr als zwei Aufenthalte nachgewiesen)

Reisen (Auswahl)

1510/11	-- · · · --	Rom (Stationen nach D. Denecke)
1512	———	Köln
1518	--------	Heidelberger Disputation
1518	· - · - ·	Augsburg: Verhör vor Cajetan
1519	· -- · --	Leipziger Disputation
1521	-- · · --	Wormser Reichstag
1529	· · - · · ·	Marburger Religionsgespräch
1530	· · · · · · ·	Coburg: anl. Augsburger Reichstag

Obgleich die Wirkungen des Werkes Martin Luthers universal waren, blieb der territoriale Rahmen, in dem sein Leben verlief, begrenzt. Mit einer Ausnahme – der Romreise im Jahre 1510/11 – verbrachte der Reformator die meiste Zeit im sächsisch-thüringischen Raum. Alle anderen größeren Reisen liegen vor 1530.